Universale Economica Feltrinelli

ELENA GIANINI BELOTTI
ADAGIO UN POCO MOSSO

Feltrinelli

© Giangiacomo Feltrinelli Editore Milano
Prima edizione ne "I Canguri" settembre 1993
Prima edizione nell'"Universale Economica" maggio 1995

ISBN 88-07-81333-5

1.

ESERCIZIO A QUATTRO MANI

Stamattina sono andata in banca. Nonostante mi fossi liberata delle chiavi di casa, degli spiccioli, dei gettoni e li avessi riposti in una cassetta dell'atrio, non mi riusciva di entrare. Una voce femminile, metallica quanto gli oggetti di cui parlava, scandiva a brevi intervalli: "Il sistema è in allarme. Si prega di depositare gli oggetti metallici nelle apposite cassettiere". La porta di vetro, alle mie spalle, si spalancava risolutamente verso l'esterno per espellermi.

Imprecavo sottovoce, irritatissima, contro i congegni disumani e imbecilli che segnalano l'innocente capsula di alluminio del bottone di una giacca e non captano la pistola di plastica ultimo modello del rapinatore.

Finalmente ho capito che il "sistema" mi rifiutava per via della cerniera di ottone del portafoglio. Sono stata costretta a svuotarlo delle banconote, del libretto degli assegni e della carta d'identità e a infilarmi tutto nelle tasche. Per fortuna le avevo. Ho buttato con rabbia il portafoglio vuoto nella cassetta insieme agli altri oggetti metallici.

Di solito mi rivolgo a un giovane cassiere gentile il quale, forse per sua indole naturale o forse soltanto perché giovane, non è ancora del tutto disgustato del suo lavoro e conserva un soffio di umano interesse per i clienti. Mi piace indulgere a pensare che la sua sorridente, abituale cortesia si alzi di un tono quando si tratta di me. Suscitare la sua simpatia mi lusinga e mi conforta. Ha gli occhi azzurri, il ragazzo, e i capelli di un castano screziato d'oro tagliati a filo spinato con la sfumatura alta. Secondo me, questa acconciatura severa mortifica il suo viso delicato, una bella coda di cavallo gli donerebbe di più. Ho sempre provato la tentazione di dirglielo, ma non ho mai osato. Ho notato che ha il lobo di un orecchio perforato, ma non gli ho mai visto un orecchino: mi diverte immaginare che se lo tolga ogni mattina prima di entrare in banca, per ordine del direttore, e se lo rimetta quando esce e finalmente ridiventa se stesso. Ma il giovanotto non c'era, forse in ferie o forse malato, o, invece, si era licenziato perché troppo gentile d'animo per sopportare quel lavoro e se n'era andato a insegnare filosofia in un liceo.

Ho scelto lo sportello dove la coda era più corta, c'erano soltanto due uomini prima di me. Ho gettato un'occhiata di sfuggita al cassiere, la sua faccia mi era ignota, non credo di averlo mai visto prima. Era giovane anche lui, questo ho potuto constatarlo, ma non ho avuto modo di osservarlo con attenzione, le schiene dei due uomini che mi precedevano me lo impedivano.

A un tratto, però, si è aperto uno spiraglio tra i due corpi e in quel triangolo di spazio ritagliato come un timpano sono apparse le sue mani. Non mi avrebbero tanto colpito se non si fossero affacciate in primo piano, come su una ribalta illuminata, isolate da tutto il resto. Così inquadrate, spiccavano vivide come un'apparizione. Mi sono incantata a fissarle: parevano creature autonome, staccate dal corpo, animate di vita propria, indaffarate, vivaci, mobilissime, giocose. Impugnavano la penna, scrivevano rapide, battevano velocemente, con una leggerezza da saltimbanco, sui tasti del computer, afferravano un timbro e sferravano un colpo energico, a palmo aperto, giacevano inoperose per brevi istanti, molli e abbandonate, si riavevano di colpo, piegavano carte e le infilavano in un cassetto e dal cassetto estraevano mazzi di banconote, le contavano con quei movimenti lesti, noncuranti ed efficaci propri di chi il denaro lo maneggia per mestiere, sventolavano a mezz'aria assegni, ricevute, foglietti, contavano monete, strappavano impetuose un pezzo del rotolo di carta della calcolatrice. Mani farfalla, mani uccello, mani sberleffo. Da un momento all'altro avrebbero potuto scompigliare carte e soldi e fare "marameo".

Della camicia di oxford azzurro cielo del cassiere senza faccia, vedevo solo un tratto di manica e i polsini abbottonati. Forse me lo sono immaginato, ma mi è parso di annusare un delicato profumo di bucato. O forse si trattava di un dopobarba?

Dal polsino destro spuntava un'esile catenina d'oro con due minuscoli ciondoli che scendeva ad accarezzare il rotondo promontorio dell'ulna. Dal polsino sinistro faceva invece capolino un braccialetto di lane peruviane intrecciate, dai colori brillanti. Ho capito che il cassiere ha due anime che si tengono a bada a vicenda: una posata e tradizionale cui appartiene la catenina da prima comunione, l'altra ribelle e anticonformista che si identifica con il braccialetto peruviano. Doveva litigare di frequente con se stesso.

Di quelle mani qualunque di un uomo qualunque di cui non scorgevo la faccia – sarebbe bastato che mi spostassi di lato di un solo passo per vederla, ma non ci tenevo affatto – mi ha attirato, a un tratto, la raggiera dei tendini sul dorso, una nitida struttura geometrica di suprema delicatezza e di forza trattenuta, una forza che prorompeva non appena le mani si distendevano e si contraevano in movimenti veloci. I tendini guizzavano sotto la pelle in un gioco ritmato di grande lievità.

Come mi affascinavano quelle mani inconsapevoli e innocenti. Mi pareva di spiare l'intimità del cassiere dal buco della serratura. Mi piaceva e mi turbava l'idea che quel giovanotto ignorasse del tutto l'attenzione emozionata che aveva destato in me. Mi sembrava di possederle a sua insaputa, di segnarle con i miei occhi; e mi chiedevo dubbiosa se il mio sguardo fosse della stessa natura di quello di un uomo che spia nella scollatura di una donna. Mi rispondevo di no. Di no perché gli uomini di solito vanno subito al sodo e spogliano brutalmente una donna con gli occhi, mentre io non provavo curiosità per ciò che il cassiere nascondeva sotto la camicia o le mutande, ma per ciò che si mostra a tutti, per quelle mirabili appendici prensili attraverso cui si esprime lo spirito. Flirtavo con la sua interiorità, se così posso esprimermi, con il suo mistero, lo inseguivo attraverso i gesti delle sue mani, gesti banali, meccanici, nei quali tentavo di cogliere minimi segni rivelatori della sua essenza. Chi era, quel giovane cassiere?

Le sue mani ora, in attesa che il cliente allo sportello compilasse un modulo, tamburellavano gentilmente sul ripiano, senza impazienza, come se seguissero un motivo musicale che si svolgeva nella testa del proprietario. La catenina d'oro dal polso era scivolata fino sul dorso dalla pelle chiara e luminosa, solcata da un delta di vene azzurrine, scurita verso l'esterno da una pinna di vigorosi peli castani. Dai polsini della camicia si affacciava un praticello bruno e gagliardo d'erba fitta, sulle falangi crescevano cespuglietti robusti ben pettinati, le nocche corrugate erano di una bella forma ovale.

Il cliente si dilungava, le mani avevano smesso di tamburellare, la sinistra si era spostata e ora giaceva rovesciata e socchiusa in una posa teneramente infantile, con le dita appena ripiegate, come in attesa di stringersi su un dito adulto, mostrando fiduciosa i polpastrelli rosati come l'interno delle conchiglie e la minuta, sinuosa orografia delle impronte digitali. E, di scorcio, le unghie. Un vero disastro, rosicchiate fino alla carne, divorate fino ai soffici, vulnerabili polpastrelli, commoventi come quelle di un ansioso bambino delle elementari. Appartenevano a tal punto, le unghie, all'intimità del cassiere, così sbocconcellate e rivelatrici di un animo tormentato, che la mia sensazione di violare la sua sfera più segreta si era accresciuta.

E tuttavia non riuscivo a sottrarmi alla fascinazione, alla

curiosità, al desiderio di inoltrarmi oltre la soglia del suo giardino per scoprire cosa c'era al di là.

Pensavo quanto dovesse essere arduo, per un divoratore di unghie, trattenersi dal rosicchiarsele per otto lunghe ore al giorno, quante presumibilmente il cassiere ne trascorre in banca.

Non mi sono mai mangiata le unghie, nemmeno da piccola, ma riesco a immaginare quanto la tentazione possa essere irresistibile.

È un "vizio" occulto, che si coltiva in momenti di solitaria smemoratezza, da bambini come da grandi, perché anche da grandi c'è sempre qualcuno, infastidito da questa innocua forma di autocannibalismo, che supplica di smetterla. Da adulti ci si vergogna di questa abitudine come di una residua fragilità infantile che non si è riusciti a sconfiggere, quasi che la disfatta completa della nostra infanzia sia l'obiettivo supremo cui anelare.

Le unghie del cassiere sarebbero state belle se non le avesse così barbaramente mutilate: di un colore aurora uniforme, prive di quelle inestetiche screziature bianche che il medico, quando ero bambina, attribuiva alla mancanza di calcio e i compagni di scuola alle bugie: ogni macchiolina una bugia. Le lunette madreperlacee erano di un bel disegno nitido. Mi toccavano il cuore, le sue unghie sbocconcellate, mi attraevano, perché mi parevano il segnale esteriore di una sensibilità che rendeva quell'uomo accessibile e accogliente. Un arrogante non divora se stesso, divora gli altri.

All'improvviso le sue mani immote si erano risvegliate, danzavano gioconde sui tasti del computer, appallottolavano con veemenza un foglio di carta, spazzavano invisibili briciole dal piano dello sportello, spostavano una pila di documenti, tendevano una penna al signore davanti a me, la riprendevano, aprivano il cassetto, agguantavano un fascio di banconote, le contavano a perdifiato, le contavano una seconda volta con maggiore ponderatezza, le accatastavano una sull'altra, pizzicandole con forza, in un ordine maniacale, tutte voltate nello stesso verso, le spingevano delicatamente, con la punta delle dita, verso il cliente attraverso la fessura sotto il vetro. La catenina d'oro al polso si era riavuta insieme alle mani, ballava, guizzava, scintillava, e mi era parso addirittura che i due ciondoli tintinnassero come campanelli.

Intascati i soldi, il primo signore se n'era andato, l'altro aveva appoggiato i gomiti sul piano dello sportello e ostruiva la vista dell'intero cassiere, comprese le mani. Perciò sono stata costretta a spostarmi un po' di lato, per continuare a sbirciarle. Non ne potevo assolutamente fare a meno.

Nell'insieme, le mani del cassiere non erano particolarmente belle né espressive, ci sono mani virili molto più armoniose delle sue, che emanano una mascolinità prepotente, che hanno carattere. Ma il loro gestire aveva una musicalità che m'incantava. I polsi soprattutto m'incantavano. I polsi mi commuovono, sia dal diritto che dal rovescio, per la perizia con cui sono saldati alla mano, per la loro snodata flessibilità, per la loro agilità e delicatezza. I polsi hanno uno spirito a parte, tutto loro, uno spirito gioioso, vibrante, pieno di ardore. Quasi al centro del polso, al rovescio, c'è un tendine robusto che s'impenna alla minima mossa e balza in rilievo sotto la pelle: mi rammenta la corda tesa di un violoncello. All'interno dei polsi la pelle è diafana, satinata e lascia trasparire l'intrico delle vene cilestrine. Lì, nei polsi, la linfa che scorre nei meandri misteriosi del corpo e distribuisce il vigore fino alle propaggini, affiora in superficie e si rivela nelle tenui pulsazioni sotto la pelle. È lì che palpita visibile la vita. Nei polsi del cassiere mi pareva davvero di scorgere l'impercettibile fremito del sangue. E poi i polsi degli uomini hanno una vulnerabile grazia, in contrasto con la loro forza, di cui non sono orgogliosi né consapevoli come dovrebbero. Mi sarebbe piaciuto prendere tra le dita i polsi del cassiere per ascoltarvi l'eco remota del battito del cuore.

Ora parlava con il cliente davanti a me e teneva la mano destra rovesciata, a palma aperta, in un gesto arrendevole.

Se avessi dovuto giudicare dalla frequenza con cui abbandonava una mano semiaperta o spalancata, interpretando il linguaggio inconsapevole del corpo, avrei dovuto dedurne che il cassiere era un uomo flessibile e carezzevole. Forse assediato dalla timidezza. La posizione della sua mano mi ha permesso di notare un mazzetto di rughe minute all'articolazione del pollice e, appena più sopra, nell'incavo, un minuscolo graffio a mezzaluna orlato di una fragile crosticina castana. Mi sono chiesta come se lo fosse procurato, in quell'anfratto protetto. Magari dormendo, nel bel mezzo di un incubo – tendevo a credere che talvolta dovesse averne – aveva affondato un'unghia nella carne molle. M'è venuto da ridere, non appena ho azzardato questa ipotesi: a giudicare dallo stato in cui sono ridotte le sue unghie, è assolutamente escluso che possa affondarle da qualsivoglia parte.

Poteva essere un minuscolo segno cruento lasciato da una scherzosa lotta corpo a corpo con qualcuno. Con chi? Il suo cane? O il suo gatto? Oppure una donna? Ho immaginato divertita il cassiere nudo che, ridendo, si difendeva dagli assalti giocosi di una ragazza, anche lei senza vestiti e anche lei ridente, la quale senza volerlo gli assestava un'unghiata. Lui implorava un armistizio per succhiarsi il sangue dalla piccola ferita.

O forse, ragionavo, si è ferito con qualche arnese casalingo, uno sbucciapatate, per esempio. Vorrebbe dire che il cassiere cucina, almeno occasionalmente. Potrebbe anche essere un single che sa badare a se stesso: non porta la fede matrimoniale. Me ne sono rallegrata, come una stupida. Poi ho notato che il palmo della mano destra, là dove le dita prendono slancio, è calloso. Forse si diletta di giardinaggio, il sabato e la domenica, e si è ferito con un attrezzo, una forbice, una paletta. Al contrario: potrebbe non distinguere un girasole da un'azalea e non saper nemmeno friggere un uovo al tegamino e, invece, praticare uno sport, e così si spiegherebbero i calli e anche quella piccola incisione.

Comunque fuma, oltre a divorarsi le unghie: tra l'indice e il medio della mano destra ha macchie gialle di nicotina.

Bisogna essere forti fumatori per ridursi le dita in quel modo e questo, aggiunto agli altri, è un ulteriore segno d'ansia tenuta a bada con un rituale analogo al massacro delle unghie: in ambedue le pratiche, sono coinvolte le mani e la bocca.

Sono riuscita a osservare i solchi incisi sul suo palmo: chissà qual è la linea della vita, quella dell'amore, quella dei soldi, è un peccato che non le sappia distinguere l'una dall'altra, perché avrei potuto conoscere qualcosa in più sul carattere e sul destino del cassiere. Sul suo palmo le linee s'intrecciano formando una grande emme maiuscola, un po' pomposa come una scrittura d'altri tempi, con una gamba più lunga che termina in uno svolazzo e scende ad abbracciare la base rotonda e soda del pollice e poi sfuma fino a scomparire nella pelle serica dell'attaccatura del polso.

Ho provato all'improvviso l'impulso fortissimo di allungare una mano e percorrere con la punta dell'indice, delicatamente, l'interno della sua, seguendone i solchi, risalendo verso le dita, esplorando i recessi morbidi tra un dito e l'altro, saggiando la cedevolezza dei polpastrelli. Ho sentito una vampata di calore sulla faccia, dovevo essere arrossita. Mi è sfuggito anche un sospiro, ma nessuno deve averci fatto caso, almeno spero: un sospiro è il minimo che possa sfuggire durante un'attesa così lunga a uno sportello.

Quel sospiro l'ho esalato involontariamente nel momento in cui ho pensato, con una strizzata alla bocca dello stomaco, che ormai da decenni le mie mani non accarezzano un uomo. All'improvviso mi ha invaso una gran malinconia. I desideri resistono intatti al trascorrere degli anni, nonostante siano destinati a restare insoddisfatti. Alla crudeltà della vecchiaia in sé, si aggiunge quella della rarefazione progressiva dei contatti: nessuno ti tocca più, né ti abbraccia o ti accarezza, nessuno vuole più essere toccato, abbracciato, accarezzato da una vecchia signora come me. Non mi sono arresa per questo, tutt'altro, ho escogitato compensazioni tutte mie al deserto dei sensi e dei sentimenti: se nella realtà non mi succede più nulla, nessuno può togliermi l'immaginazione. Perlustro con fervore e accanimento l'inesistente, invento, creo, sogno, fantastico, divago, forse deliro. Ma tutto diventa possibile e accessibile. Talvolta ne traggo gioia, talvolta abissi di malinconia.

A un tratto una voce femminile alle mie spalle ha esclamato: "Tocca a lei, signora!", facendomi sobbalzare per lo spavento.

Ero così assorta nelle mie fantasie che non mi ero neppure accorta di essere rimasta sola di fronte allo sportello, l'uomo che mi precedeva se n'era andato. Il cassiere di là dal vetro mi fissava con aria interrogativa. Deve aver pensato che ero una vecchia signora rimbambita, è quello che pensano tutti al cospetto delle esitazioni e titubanze di una persona anziana. Da quelli che stavano in coda dietro di me – non mi sono nemmeno voltata a guardare – mi arrivavano bisbigli e risatine soffocate. Forse ridevano di me. La gente ride facilmente degli impacci e delle lentezze dei vecchi, ma io non me la prendo più. La vita stessa s'incarica di fare le nostre vendette, conducendo pian pianino coloro che oggi bisbigliano e ridacchiano agli stessi impacci e lentezze. Ammesso che riescano ad arrivarci.

Mi sono accostata allo sportello. Non riuscivo neanche a ricordare cosa fossi venuta a fare in banca, tanto l'esercizio funambolico con le mani del cassiere mi aveva straniato. Ho cominciato a rovistare a casaccio nella borsa finché mi sono trovata l'assegno tra le mani e gliel'ho allungato sorridendo, per farmi perdonare. Mi ha fissato interdetto, di sicuro ha pensato che non ci stessi tanto con la testa.

Le sue mani hanno ripreso a saltellare, danzare, guizzare per eseguire le operazioni necessarie all'incasso del mio assegno. Ora le potevo osservare più da vicino. Sono subito ripiombata nella trance da cui mi ero appena riscossa.

Sul bordo esterno della sua mano destra, nascosto nel praticello ben pettinato, ho scoperto un minuscolo neo color cioccolato dalla perfetta forma rotonda che prima ero troppo lontana per scorgere. Era appena appena rilevato, un bottoncino singolare, un sigillo pieno di carattere. Da vicino ho anche potuto osservare la grana della pelle delle sue mani, quel fitto reticolo a losanghe, quella mirabile, minuziosa impuntura che tiene insieme la fodera del corpo. Una pelle giovane, liscia, elastica. Fissavo la pelle delle sue mani invece dei soldi, mentre li contava e li appoggiava davanti a me. Ho ripiegato le banconote e le ho infilate nella tasca interna della borsetta, ho sorriso al cassiere e l'ho salutato con riconoscenza. Di che, lui lo ignorava. Ho recuperato i miei effetti metallici dalla cassettiera e mi sono diretta verso casa.

C'era un bel sole tiepido e il cielo era alto e luminoso, con i cirri candidi sospinti da un vento frizzante. Camminavo con un po' di fatica, ho le gambe pesanti, i piedi gonfi e doloranti e una vecchia artrosi che mi indolenzisce il collo e la schiena, ma provavo una leggerezza ilare, un'allegria immotivata che mi ristorava. Ho incrociato un bruttissimo neonato in una carrozzina sospinta da una ragazza filippina che mi ha sorriso come se mi conoscesse, un'adolescente filiforme e biondissima che aspettava che il suo cane facesse pipì contro il tronco di un oleandro e intanto guardava ostentatamente da un'altra parte, il fruttivendolo che scaricava cassette di melanzane e peperoni da un furgone, due bambine che leccavano un enorme cono gelato di fragola e pistacchio che colava sulle loro mani e sulle loro braccia fino ai gomiti.

Quando sono passata davanti al bar, sulla piazza, ho scorto all'interno, appoggiato di schiena al bancone, il giovane cassiere. Beveva un caffè, fumava una sigaretta e nelle pause si rosicchiava le unghie della mano sinistra.

2.

UN CARATTERE SENSIBILE

Devo ammetterlo: ho un temperamento ansioso, ogni minima contrarietà mi angustia, pericoli e minacce mi sovrastano costantemente e più mi ripeto che sono frutto della mia immaginazione sovreccitata, più essi s'ingigantiscono fino a ridurmi insonne per l'angoscia. Spesso ho la sensazione di una catastrofe imminente, come se il mondo intero stesse per precipitarmi addosso. Faccio sforzi sovrumani per essere più sereno, per apprezzare gli aspetti positivi delle cose invece di cogliere solo quelli negativi, per far vivere meglio chi mi sta vicino e vivere meglio io stesso, ma tutti i miei tentativi risultano inutili.

Ho un carattere più sensibile della media, questo è il mio tormento, e non è affatto facile cambiarlo, meno che mai alla mia età. Sono costretto a fare i conti ogni momento con la mia ipersensibilità che m'impedisce di prendere decisioni rapide con disinvoltura, mi rende preda di dubbi incessanti, mi tortura e mi assilla con le più disparate suggestioni, mi affligge per i ripensamenti e i voltafaccia che io stesso non so come giustificare. Prima di ogni decisione devo affrontare l'interminabile strazio dei "se" e dei "ma", e dopo quello altrettanto prolungato dei "sarebbe stato meglio se". Ho passato notti di tormento prima di riuscire a prendere una decisione riguardo alla mamma e, ora, passo notti di tormento per averla presa.

Per convincermi di non aver commesso un errore, devo ripetermi in continuazione che non c'era assolutamente altro da fare, alla sua età non era proprio più in grado di vivere da sola, anche se lei sosteneva il contrario e si è battuta come una leonessa per rimanere a casa sua. Come potevo darle retta?

A ottantadue anni non si ha più una percezione realistica di sé, né della propria esistenza in rapporto agli altri, si tende a sopravvalutare le proprie capacità e possibilità e a sottovalutare i rischi, gli impedimenti, gli imprevisti. In più, la vecchiaia rende egocentrici, indifferenti e in una certa misura addirittura insensibili alle preoccupazioni altrui. Ci si rinchiude sempre più nel piccolo guscio delle proprie abitudini, ci si muove in un'area, anche mentale, sempre più ristretta.

È vero, come sosteneva Elisabetta, che la mamma era perfettamente in grado di provvedere a se stessa, con un aiuto per le pulizie due volte la settimana, che cucinava volentieri, aveva cura della sua persona e ci teneva tanto al suo aspetto da non avere mai un capello fuori posto, le unghie sporche o non tagliate, gli abiti trascurati. È vero che andava da sola a fare la spesa ed era così accorta da farsi portare a casa gli acquisti più pesanti, che aveva il passo sicuro e la vista buona quanto basta per le brevi passeggiate quotidiane nel quartiere. Vero, verissimo. È anche vero, come mi ha fatto ancora notare Elisabetta, che da quando papà era mancato, lei, invece di intristirsi come c'era da aspettarsi, sembrava al contrario aver acquistato un nuovo gusto per la vita. Ma, soprattutto, con mia enorme sorpresa, una inedita determinazione a fare di testa sua, nonostante la sua esistenza per più di sessant'anni fosse stata interamente dedita e sottomessa a lui: al punto che io, da bambino e da ragazzo, mi sono spesso sentito d'impiccio in mezzo a due genitori che sembravano vivere l'uno in funzione dell'altro, avvertendo la presenza di un figlio come del tutto accessoria. Mi stupisce sempre di constatare quanto ci si possa sbagliare anche sulle persone che conosciamo più da vicino.

Così, mentre io mi disponevo a starle accanto più di prima per compensare l'assenza di papà, farle compagnia, darle una mano nelle incombenze quotidiane, lei mi ha come scrollato di dosso e ha inalberato un'indipendenza di cui non l'avrei mai creduta capace. Sono rimasto sbalordito.

Via via che passavano gli anni e lei invecchiava, riuscivo sempre meno a fronteggiare l'idea che uscisse da sola nel traffico caotico e selvaggio delle strade, con quel suo modo esitante di procedere che ogni volta le faceva rischiare di essere accoppata. Aveva una tattica di attraversamento della strada da far uscire di senno il più flemmatico degli automobilisti: se ne stava un bel pezzo sull'orlo del marciapiede, scendendo più volte il gradino come se stesse per avviarsi sulle strisce e risalendolo subito dopo senza risolversi a imboccarle. In questo modo provocava frenate improvvise e esasperanti attese che lei si decidesse, finché, spazientiti, quelli ripartivano di schianto proprio nel momento in cui lei scendeva di nuovo dal marciapiede. L'ho osservata alcune volte mentre rincasava e io l'aspettavo al portone e mi si sono rizzati i capelli in testa per lo spavento a causa dei suoi sconsiderati saliscendi. Dopo quella insensata pantomima, quando lei, secondo un suo criterio arbitrario che non aveva niente a che spartire con il traffico effettivo, giudicava di aver aspettato abbastanza, si buttava giù all'improvviso e attraversava alla cieca, andasse come andasse. Salvo poi spaventarsi a morte quando vedeva approssimarsi un veicolo, fare un repentino dietro-front nel bel mezzo del guado e tornare precipitosamente al punto di partenza.

Questa sequenza suicida la ripeteva più volte, seminando sconcerto e panico tra gli automobilisti e accumulando, suppongo, valanghe di improperi. Una volta, mi ha raccontato, un automobilista le ha gridato: "Stattene a casa, nonnetta, è meglio!". È esattamente quello che penso anch'io.

In strada non correva solo il pericolo di essere travolta, ma anche quello di inciampare in una buca nell'asfalto o in un sampietrino sconnesso, di scivolare su una cacca di cane, di non accorgersi del dislivello del marciapiede, di storcersi un piede, slogarsi una caviglia o addirittura cadere e rompersi il femore, come succede tanto di frequente ai vecchi: evento nefasto che spesso rappresenta per loro l'inizio della fine. E poi la città è diventata così invivibile, le macchine sono posteggiate in modo tale da ingombrare i marciapiedi e da costringere i poveri pedoni a camminare in mezzo alla strada.

Poteva anche succederle di avere un malore, quando era fuori da sola, di morire lì, per terra, ignorata da tutti, oppure di essere soccorsa e portata in ospedale senza che io ne fossi nemmeno avvertito perché non era in grado di parlare. Non portava mai documenti con sé, benché io l'avessi informata che era obbligatorio e correva il rischio di essere trattenuta al commissariato se la polizia glieli avesse chiesti. Non portava con sé nemmeno un'agendina in cui fosse annotato il mio numero di telefono, nonostante l'avessi pregata infinite volte di farlo. Io stesso le avevo scritto il mio indirizzo e numero di telefono su un cartoncino, che però lasciava regolarmente a casa. Diceva che se ne dimenticava, ma io avevo l'impressione che lo facesse apposta, come se volesse farmi capire che non apprezzava la mia tutela.

Per strada avrebbe potuto succederle di essere derubata o scippata, per quanto uscisse sempre con i soldi contati. È noto che gli scippatori prediligono le donne anziane perché sono deboli, distratte e convinte che il mondo sia ancora quel luogo tranquillo che hanno conosciuto nella loro gioventù, e perciò non diffidano di chiunque si avvicini loro. Avrebbe anche potuto capitarle di essere aggredita da quelle bande di giovinastri sadici e vigliacchi che se la prendono con le vecchiette.

L'avevo supplicata di avvisarmi ogni volta che usciva, lei me l'aveva promesso, ma non lo faceva, come se non le importasse che io fossi in pensiero. Quando le telefonavo e non la trovavo in casa, venivo travolto dal panico. Pensavo che fosse uscita e le fosse successo qualcosa, oppure che fosse in casa e le fosse ugualmente successo qualcosa che le impedisse di rispondere. Non trovavo pace e avevo i miei buoni motivi, perché nemmeno in casa si riguardava o era prudente. M'era capitato di pescarla sul terrazzo, in piena tramontana, ad annaffiare le piante, a rimuovere la terra nei vasi, a concimare, senza nemmeno un golfino sulle spalle. Alla sua età non ci vuole niente a buscarsi una polmonite. L'avevo sorpresa issata su una scaletta a spolverare e a riordinare i libri negli scaffali più alti, quando avrebbe potuto chiedere alla donna di farlo. Se avesse perso l'equilibrio e fosse stramazzata a terra da quell'altezza, avrebbe potuto spaccarsi la testa o qualcos'altro, restare ore sul pavimento senza riuscire a rialzarsi e a raggiungere il telefono per chiamarmi. Se fosse rimasta ferita, avrebbe anche potuto morire dissanguata. "Ne uccide più la casa che la strada", dice un noto proverbio.

Vivevo in perenne agitazione, mi sentivo costretto a interrompere il lavoro per precipitarmi da lei.

È incredibile a dirsi, ma sono riuscito a ottenere le chiavi di casa sua solo dopo ripetute insistenze. Alla fine ha acconsentito e me le ha date, ma molto a malincuore, quasi temesse le mie intrusioni o avesse qualcosa da nascondere. Le avevo spiegato che se avessi avuto le chiavi di casa sua, si sarebbero potuti evitare inutili allarmismi. Infatti, era successo che un giorno, quando era già buio, lei non rispondesse al telefono. Di solito dopo il tramonto è sempre in casa. Ero corso angosciatissimo da lei e poiché non rispondeva nonostante i fortissimi colpi alla porta, m'ero lasciato sopraffare dal panico, ero andato a cercare un fabbro e l'avevo costretto a seguirmi. Stava giusto accingendosi a scardinare la serratura quando mia madre era sopraggiunta, serafica. Non ho saputo trattenermi e l'ho investita a male parole, pentendomene subito dopo. Da non crederci: era stata al cinema del quartiere a vedere *Amantes* di Vicente Aranda, un film erotico molto prossimo al porno. L'ho visto anch'io senza essere informato di che si trattava e mi ha proprio scandalizzato. La protagonista inventa un certo giochino con il suo ben più giovane amante, usando un fazzoletto di seta. Mi sento ancora arrossire. Ma avvampo al pensiero che mia madre abbia visto simili aberrazioni. Sono rimasto di stucco. Il fabbro ha preteso ben ottantamila lire per il disturbo.

Devo ammettere che il possesso delle chiavi non ha affatto calmato le mie preoccupazioni. Quando la mamma stava in casa, aveva l'abitudine scellerata di aprire la porta a chiunque suonasse, senza nemmeno accertarsi della sua identità. Le ho raccomandato innumerevoli volte di non farlo, a meno che non riconosca senza il minimo dubbio chi bussa. Ci sono rapinatori che scelgono esclusivamente donne anziane che vivono sole, si travestono da vigile urbano, da postino e persino da frate francescano e così riescono a farsi aprire. Rubano soldi, argenteria, gioielli, pellicce, malmenano le povere malcapitate e talvolta, se fanno resistenza, le uccidono. Una novantenne è stata persino stuprata da un ladro, c'era la notizia su tutti i giornali, la gente si torceva dalle risate. Si vede che non hanno una mamma anziana, se no, invece di ridere, gli si accapponerebbe la pelle come a me. La mamma obiettava che non aveva soldi, né argenteria o gioielli e soltanto una vecchia pelliccia di lapin. Ma i ladri che ne sanno?

Di notte, poi, avrebbe potuto succedere di tutto: nel sonno poteva cadere dal letto, si sa che alla sua età si perde l'esatta percezione dei limiti dello spazio. Oppure poteva assalirla un capogiro mentre si alzava per andare in bagno. La circolazione da vecchi è difettosa e quando si passa repentinamente dalla posizione distesa a quella eretta, il sangue defluisce di colpo dal cervello e per un istante si smarrisce la coscienza: proprio l'istante che basta per perdere l'equilibrio e piombare a terra come un sasso. Io le raccomandavo di passare sempre con estrema cautela dalla posizione supina a quella eretta, avendo cura di sostare quanto necessario in quella intermedia, ovvero seduta, proprio per evitare l'inconveniente delle vertigini. Ma lei mi rispondeva piccata che non soffriva affatto di vertigini. La mamma, purtroppo, a differenza di altri anziani che lamentano ininterrottamente malesseri e limitazioni, presume troppo di sé, sopravvaluta le proprie forze e capacità e non c'è verso di ricondurla alla ragionevolezza.

Lei protestava per quelle che chiamava le mie preoccupazioni paranoiche, diceva che ero io a toglierle la serenità. Un giorno mi ha detto: "Se non ci fossi tu a farmi pensare alla morte, con tutte le tue ossessioni e paure, io non ci penserei mai. Quando verrà, verrà".

Io mi ero ribellato al suo egoismo senile. A me, a suo figlio lei non pensa affatto, non è disposta a fare niente per tenermi tranquillo. Le basta essere tranquilla lei. La sola idea che la mamma morisse da sola senza che io potessi prestarle soccorso, mi faceva impazzire. Lei invece ripeteva che non fa proprio nessuna differenza morire da soli o con qualcuno accanto, perché nel momento della morte si è comunque soli. Sarà, ma io non riesco a sopportare la prospettiva di morire in solitudine. O meglio, non riesco a sopportare la prospettiva di morire: da solo o con altri è del tutto secondario. La mamma aggiungeva, con una certa dose di crudeltà, che fa differenza solo per chi resta, perché poi si tormenta per non essere stato presente al trapasso di una persona cara. Chi resta, è ovvio, sono io, e del mio tormento postumo lei se ne infischia, a quanto pare.

L'ipotesi di prenderla con noi l'ho contemplata, naturalmente, ma la mamma non voleva nemmeno sentirne parlare. A giudicare dallo sdegno con cui la respingeva, si sarebbe detto che le stessi proponendo di venire a vivere in un penitenziario. Era offensiva. Ho dovuto scartare l'idea, anche Giovanna era contraria e non so darle torto: la casa è piccola, basta appena per noi due. Stiamo fuori per l'intera giornata, ognuno per il suo lavoro, e la mamma avrebbe finito per essere quasi altrettanto sola che se fosse rimasta a casa sua. Invece aveva bisogno di una sorveglianza continua, giorno e notte, perciò era indispensabile che ci fosse in permanenza qualcuno pronto a intervenire. E, non da ultimo, io e Giovanna non eravamo affatto preparati ad affrontare una convivenza con la mamma, nonostante lei sia un tipo che non dà alcun fastidio, se ne sta per conto suo, non si intromette, parla poco, è servizievole, legge per ore, cuce patchwork o ricama a piccolo punto, non riceve amiche per la semplice ragione che non ne ha mai avute. Mio padre, da vivo, aveva monopolizzato la sua attenzione e preteso di essere il suo unico interlocutore e beneficiario delle sue cure.

No, non sarebbe proprio stato possibile. Io e Giovanna non siamo più giovincelli, però viviamo insieme solo da qualche anno e amiamo godere in pace della reciproca compagnia, distenderci a nostro piacimento dopo giornate faticose. E poi siamo tutti e due molto gelosi della nostra intimità.

In ogni caso, Giovanna era convinta quanto me che la mamma non potesse più vivere da sola a causa della sua età: un po', credo, perché mi vedeva tanto angosciato e il mio pessimo umore ricadeva per forza su di lei, un po' perché lei stessa, pur non essendole molto legata (la conosce da poco, dopotutto) era tutt'altro che tranquilla.

Invece Elisabetta sosteneva che andava lasciata a casa sua, con le sue abitudini, i suoi ritmi, le sue cose, i suoi spazi, i suoi ricordi, le sue occupazioni. Andava lasciata nel quartiere dove aveva sempre abitato, dove tutti la conoscevano, le volevano bene e, all'occorrenza, l'avrebbero aiutata. "Sradicare un anziano dal suo ambiente," proclamava, "significa estraniarlo da se stesso. Meglio che si affatichi piuttosto che non abbia niente da fare e si senta inutile." Sosteneva che l'autonomia della mamma andava salvaguardata anche a costo di stare in ansia noi. Anche a costo, arrivava a dire, di trovarla morta una mattina senza essere stati in grado di prestarle soccorso. Un modo di pensare molto crudele: ma già, lei non è sua figlia, è soltanto la sua ex nuora. Sentenziava che si doveva rispettare la volontà di lei di vivere in libertà e indipendenza, senza infliggerle l'umiliazione di sentirsi un peso per gli altri. Dovunque fosse stata costretta a spostarsi, sarebbe anche stata costretta ad adattarsi alle regole degli altri, a piegarsi alle loro esigenze e prepotenze. Era quello che diceva la mamma, loro due si somigliano. Ma in un pensionato no, obiettavo io: dal momento che in un pensionato si paga una retta profumata, si ha anche il diritto al rispetto delle proprie abitudini e necessità.

È piuttosto irritante che Elisabetta, per partito preso, non condivida mai le mie ragioni, ma sempre e comunque quelle della mamma, soprattutto da quando ci siamo separati. Papà era ancora vivo, allora, è morto un anno dopo. Di comune accordo avevamo tenuta nascosta la nostra separazione a papà e mamma, per non dar loro un dispiacere. O meglio, io avevo insistito con Elisabetta perché non glielo dicessimo, per quanto lei protestasse che nascondere la verità agli anziani, anche quella dolorosa o sgradevole, significa tagliarli fuori anzitempo dalla vita. Io invece penso che la carità filiale imponga di risparmiare ai vecchi sofferenze evitabili, in special modo quando si tratta di una faccenda come la rottura del vincolo matrimoniale, che per la loro generazione resta inconcepibile. Perché metterli brutalmente di fronte a cambiamenti del costume che per loro risultano traumatici? Cosa costa fingere, quando è fatto a fin di bene? Andavamo a trovarli insieme, recitavamo la commedia fino al punto di essere carini e affettuosi l'uno con l'altro, perché non si addolorassero al pensiero che il loro unico figlio fosse solo e abbandonato. Non potevo certo raccontargli che mi ero innamorato di Giovanna e per lei avevo lasciato Elisabetta.

Dopo che papà è morto, Elisabetta, senza chiedere nemmeno il mio parere, ha informato la mamma che ci eravamo separati e che vivevo con un'altra donna. Pare che non abbia battuto ciglio e con me non ha mai affrontato l'argomento. Elisabetta ha detto che si era stufata di recitare quella farsa idiota, era convinta che il vero conservatore tra i due fosse papà, mentre la mamma era perfettamente in grado di capire che una coppia può smettere di amarsi. E visto che io ero tutt'altro che solo e abbandonato (se mai lo era lei, era questo che intendeva insinuare), la mamma non aveva alcun motivo di preoccuparsi per me.

Elisabetta, anche dopo la nostra separazione, è rimasta molto legata alla mamma. E poi, vivendo sola, aveva di certo molto più tempo di me per occuparsene, per portarla al cinema, a una mostra, a un concerto, accompagnarla a fare spese, oppure dal dentista o dall'oculista. Le donne hanno sempre una quantità di cose da dirsi, cose futili, d'accordo, ma che aiutano a passare il tempo. Io invece non so mai cosa dire alla mamma, né lei a me, a giudicare dalla sua stentata conversazione.

Le facevo visite frequenti ma brevi, perché avevo sempre molto da fare, mi raccontava pochissimo di sé e soltanto se io insistevo con le domande. Per esempio, ho saputo solo da Elisabetta che, dopo la morte di mio padre, mia madre ha ripreso a studiare il francese, la sua seconda lingua, quella che parlava abitualmente nel collegio di Trinità dei Monti, dove è stata fino a diciotto anni. Ora pare stia leggendo i romanzi di François Mauriac in lingua originale, glieli ha procurati Elisabetta.

Mi è costato sangue, come dicevo, prendere la decisione di metterla in un pensionato. Essere figli unici è disumano, avrei voluto avere dei fratelli con cui condividere una responsabilità tanto pesante. Lei non ne voleva assolutamente sapere. Siccome la ragione principale che adducevo era la mia angoscia, lei ribatteva: "Smettila di preoccuparti per me, io mi arrangio benissimo per conto mio e sto benissimo dove sto". Era furente contro l'idea del pensionato. Diceva: "Perché mai devo essere costretta a trascorrere gli ultimi anni della mia vita con perfetti estranei che non ho scelto e che magari sono anche antipatici? Sto meglio sola, alla mia età non ho nessuna voglia di fare nuove conoscenze, di sovvertire le mie abitudini, di sedere a tavola con sconosciuti maleducati che sorbiscono rumorosamente la minestra e discorrono solo delle loro difficoltose digestioni. Io ho bisogno di silenzio. Perché non ho il diritto di vivere il poco tempo che mi resta nel modo che preferisco?".

"E a me non ci pensi?", replicavo esasperato. Che razza di amore materno era il suo se non era disposta a fare niente perché io fossi sereno? È proprio vero che da vecchi si diventa egoisti, ci si distacca anche dagli affetti più cari, si considera soltanto il proprio personale punto di vista. La mia era una prova di affetto filiale che avrebbe dovuto apprezzare. Quale altro figlio si sarebbe dato altrettanto da fare?

Il pensionato, fra tutti quelli che avevo visitato, era il migliore: confortevole, elegante, accogliente, tutt'altro che uno squallido ricovero per vecchi. E anche piuttosto costoso. Ma questo dettaglio non glielo facevo davvero pesare. Sarebbe stata accudita e sorvegliata notte e giorno, le sarebbe bastato suonare un campanello per essere servita di tutto punto. Lei protestava che non aveva alcuna necessità di essere servita di tutto punto. Era molto contrariata, sembrava sorda a ogni mia argomentazione. Si era opposta a lungo, caparbiamente.

Di punto in bianco, dopo tanta intransigenza, e con una certa sorpresa da parte mia, aveva ceduto, si era fatta ragionevole, persino docile. Non che avesse accettato l'idea, no, ma mi lasciava semplicemente fare in modo passivo, rassegnato, come se la cosa non la riguardasse minimamente. In un certo senso era ancora peggio che se avesse continuato a opporsi: smettendo di lottare contro il mio progetto, me ne scaricava addosso tutto il peso e la responsabilità, diventava una vittima, trasformando me nel suo persecutore.

Devo ammettere che il momento del trasloco è stato piuttosto duro: lei se ne stava seduta, muta, a guardare gli uomini che imballavano le sue cose e mentre io mi affannavo per compiacere i suoi desideri di portarsi questo o quello nella sua stanza al pensionato, lei rispondeva con sguardo assente: "Fai tu, vedi tu, scegli tu". Era esasperante. Possibile che non si rendesse conto di quanto soffrivo?

Elisabetta dal canto suo, quasi non fossi già abbastanza provato, mi aveva profetizzato, con quel suo tono intimidatorio da professionista della psiche altrui, che la mamma in quel deposito di vecchi sarebbe morta prima del tempo. La sua balorda profezia è stata clamorosamente smentita dai fatti: dopo tre mesi di soggiorno nel pensionato, gode di ottima salute. Ha una bella stanza piena di luce che dà sul giardino fiorito, arredata con alcuni dei suoi mobili migliori, i suoi quadri preferiti alle pareti. Legge molto, ascolta musica, fa le parole crociate, ricama a piccolo punto, cuce i suoi patchwork, passeggia, siede al sole, mangia di buon appetito, beve il suo buon bicchiere di vino ai pasti, guarda la televisione nel soggiorno comune. È quello che mi riferisce suor Carmela, non vedo perché non dovrei crederle. Mi ha detto che purtroppo non parla con gli altri ospiti del pensionato, ma non è mai stata socievole in vita sua, quindi non c'è da stupirsi, è il suo carattere.

Mi indispettisce molto, però, che si rifiuti di fare con me persino una breve passeggiata in giardino quando vado a trovarla, mentre Elisabetta mi ha raccontato che sono uscite dal cancello e hanno camminato fino alla strada asfaltata per comprare dei quaderni alla cartoleria. Che cosa ci farà mai con i quaderni. L'ha portata a vedere la moschea appena inaugurata e proprio un venerdì, quando c'era una folla di musulmani in preghiera; al Pincio una domenica mattina ad ascoltare il concerto della banda dei carabinieri e un pomeriggio nella valle dei cani a Villa Borghese. E, da non crederci, a pranzo in un ristorante sulla spiaggia, a Fregene, al villaggio dei Pescatori. Elisabetta dice che ha cominciato a raccontarle per filo e per segno tutta la sua vita, dall'infanzia in poi. Dice che è un racconto molto avvincente. Perché a lei e non a me, che sono suo figlio?

Non chiede mai della sua casa, rimasta semivuota, o delle piante del terrazzo che io o Giovanna andiamo ad annaffiare regolarmente. Il suo disinteresse mi sconcerta, era così affezionata alla sua casa! Da principio gliene ho parlato, le ho detto che è sempre là, pulita e in ordine, pronta per un suo eventuale ritorno. Gliel'ho detto per rasserenarla, naturalmente, non vedo come potrebbe tornarci. Lei non mi ha nemmeno risposto, come se non mi avesse sentito. Ha voltato la faccia, indifferente. Da allora non gliel'ho più nominata, si vede che se ne è distaccata affettivamente, ormai si trova bene dove sta.

A essere onesto, devo riconoscere che gli anziani ospiti del pensionato non sono una compagnia elettrizzante. Sembrano tutti più vecchi e più malandati di lei e quando si radunano nel soggiorno in attesa di andare a tavola, non sono uno spettacolo che rincuora. C'è una signora querula e dispotica che protesta in continuazione perché vorrebbe cambiare canale alla televisione, un signore che non spiccica mai una parola, cui scende un filo perpetuo di bava dalla bocca, un altro che scatarra e sputa nel fazzoletto, una vecchina incartapecorita su una sedia a rotelle che guarda fissa nel vuoto, un vecchio che attacca bottone con tutti, fa discorsi deliranti e non si sa come farlo smettere, una signora che sembra ultracentenaria e invoca incessantemente una certa Claudia, che deve essere sua figlia, e chiede se qualcuno l'ha vista, persino a lei, proprio mentre quella le sta seduta accanto e le parla.

Anche la mamma non è granché allegra e questo mi addolora. Se fosse una madre materna, dovrebbe sforzarsi di nascondermi la sua scontentezza per farmi contento. Ogni volta che vado a trovarla, torno a casa affranto e mi ci vogliono giorni per riprendermi. Ogni volta devo fare uno sforzo per ricordarmi che prima, quando viveva da sola, ero ancora più affranto.

Il fatto è che la vecchiaia è una gran brutta faccenda, comunque la si affronti, qualsiasi soluzione si escogiti per gestirla al meglio possibile. La durata della vita si è molto allungata: sembrerebbe un progresso, e per certi versi indubbiamente lo è. Ma sempre più di frequente si verifica il paradosso che figli già vecchi debbano occuparsi di genitori vecchissimi. Io ho ormai sessant'anni, un'età in cui si comincia ad aver bisogno di essere assistiti e accuditi, le forze cominciano a mancare e lo spirito non è più quello di un tempo.

La conversazione tra me e la mamma, che è sempre stata stentata, da quando si è trasferita là si è spenta del tutto. Non mi chiede mai nulla di nulla, nemmeno come sto, che cosa faccio, come va il lavoro. Se le faccio qualche domanda, risponde a monosillabi oppure non risponde affatto, quasi non mi avesse sentito. Qualche volta mi viene il dubbio che sia diventata sorda, dubbio smentito dal fatto che si volta nella direzione giusta a qualsiasi voce, suono o rumore. Dunque ci sente benissimo, ma semplicemente non ha voglia di rispondere alle mie domande. Che sono, per forza di cose, sempre le stesse: come sta, ha dormito bene, ha digerito bene, si trova bene lì, cosa mangia, cosa le piace di più, come sono le suore, come la trattano, cosa dicono, cosa ha visto alla televisione. Ogni volta ho il sospetto che non veda l'ora che me ne vada. Anch'io, per la verità, dopo un po' non vedo l'ora di scappare, salvo sentirmi orribilmente in colpa non appena esco. Con gli anziani gli argomenti di conversazione sono piuttosto scarsi, proprio perché la loro vita è molto circoscritta, limitata. Non gli succede quasi più niente, le loro giornate sono monotone, tutte uguali. Non hanno più nessun interesse per ciò che succede nel mondo né per la vita degli altri. Comunque la mamma non si lamenta di essere lì, e questo è già molto. Sembra che ormai si sia abituata al tran tran quotidiano, ai pasti in compagnia degli altri pensionati, al loro cicaleccio inconsistente, alle loro stravaganze e intemperanze, benché non abbia fatto amicizia con nessuno, come afferma suor Carmela. "Chi ti è più simpatico tra gli ospiti?", le ho chiesto. Lei mi ha lanciato un'occhiata di traverso e ha replicato, in tono acuto: "Come hai detto?". Ho lasciato perdere.

Da principio mi pareva un po' risentita con me, ma ora non più. Credo che, fatti i debiti confronti tra la sua vita precedente e quella attuale, abbia capito che avevo ragione.

"Magari potessi starci io nel tuo pensionato!", le ho detto una volta. "Magari potessi non pensare più a niente perché c'è qualcun altro che pensa per me!" Lei mi ha folgorato con uno sguardo incendiario, ma non ha aperto bocca. Devo riconoscere che era una battuta fuori posto.

In conclusione, a parte queste infime, trascurabili schermaglie, la mamma sta benissimo e le nere previsioni di Elisabetta non si sono avverate.

Di recente, però, sono accaduti alcuni fatti nuovi. Inezie, se vogliamo. Mi ero già accorto, da un po' di tempo, che lei evitava di chiamarmi per nome, come fa di solito, ma non avevo dato peso a questa piccola stranezza. Poi, qualche settimana fa, mi aveva accolto con uno sguardo perplesso, interrogativo, come se stentasse a riconoscermi. Era immersa nella lettura, quando sono arrivato, perciò ho pensato che, assorta com'era, facesse fatica a distogliersene e a mettere a fuoco la mia faccia. Ho guardato il titolo del libro: *Thérèse Desqueyroux*, del solito Mauriac, in francese. Le ho chiesto quale fosse la storia di questa Teresa, che non conosco, ma lei si è mostrata riluttante a rispondere, quasi fossi un intruso indiscreto che pretendesse di costringerla a parlare di un argomento intimo. Muta, con espressione corrucciata, mi lanciava sguardi diffidenti, come se si chiedesse: "Ma questo qui chi è, che cosa vuole?". Pareva volermi tenere a distanza, come un importuno. Ho cambiato argomento, ho parlato delle previsioni del tempo, del traffico, dell'inquinamento, della crisi di governo, delle notizie di cronaca per riempire il silenzio più pesante del solito e superare quella sconcertante, inedita ostilità. Una fatica mostruosa. Lo confesso, me ne sono andato via con grande sollievo.

Oggi pomeriggio sono stato di nuovo a trovare la mamma. Quando sono arrivato, l'ho abbracciata e l'ho baciata sulle guance, come faccio sempre. Con mia enorme sorpresa, lei mi ha decisamente respinto, scostato da sé, con espressione infastidita e contrariata, mi ha fissato in viso e mi ha chiesto, brusca: "Scusi, ma lei chi è?".

Sono rimasto allibito. "Sono tuo figlio Ottavio," ho esclamato, "mamma, perdinci, come fai a non riconoscermi?" E lei, per tutta risposta, ha scandito: "Per sua norma, caro signore, sappia che io non ho figli. Temo che lei sbagli persona".

"Mamma, ma cosa dici? Stai scherzando?" sono esploso a voce altissima. "Sono io, Ottavio, il tuo unico figlio. Non mi riconosci? Possibile che ti sia dimenticata di avere un figlio?" Lei mi ha guardato ben bene in faccia, con tutta calma, e ha scosso la testa. Ero imbestialito.

"Almeno di aver avuto un marito te ne ricordi?" ho gridato esasperato. Lei, gelida, ha replicato: "Le cose stanno diversamente. Non ho dimenticato di aver un figlio e di aver avuto un marito, non li ho mai avuti davvero, se proprio vuole saperlo. E adesso la prego di lasciarmi in pace, non ho altro da dirle".

Ero sempre più sbalordito. La mamma sembrava nel pieno possesso delle sue facoltà mentali. Voglio dire che non aveva affatto l'aria confusa e imbambolata degli anziani arteriosclerotici che soffrono di vuoti di memoria, tutt'altro. Aveva l'aria di sapere benissimo quel che stesse dicendo, usava un tono perentorio, termini appropriati e i modi freddi e riservati che si usano per rimettere un estraneo invadente al proprio posto.

Mi sono precipitato a cercare suor Carmela, le ho raccontato, concitatissimo, quello che era successo. Lei era ancora più sbalordita di me, se possibile. Mi ha assicurato che la mamma era lucidissima, almeno fino a poco prima, ed era assurdo pensare che avesse perduto la memoria così di colpo. Aveva sempre ricordato perfettamente ogni minima cosa, recente o remota, era sempre stata vigile, attenta. La perdita della memoria è un processo progressivo e lungo, non è mai repentino. A meno che non sopraggiunga un malore, una sofferenza cerebrale: ma era assolutamente da escludere, la mamma stava benissimo fino a pochi momenti prima che io arrivassi, quando le aveva parlato l'ultima volta. Era inaudito che tutt'a un tratto non mi riconoscesse più.

È venuta subito con me dalla mamma. È una suora simpatica e buffa che parla sempre con il noi ai suoi anziani.

Lei l'ha immediatamente investita: "Suor Carmela, chi è questo sconosciuto che pretende di essere mio figlio? Me lo tolga di torno, per favore, desidero essere lasciata in pace". Suor Carmela mi ha lanciato uno sguardo allarmato.

"Come mai, signora Lucia," le ha chiesto con dolcezza, "come mai non ricordiamo più che abbiamo un figlio? Come mai ce lo siamo dimenticato? Suvvia, signora Lucia, facciamo un bello sforzo e guardiamo bene in faccia il nostro figliolone. Siamo sicuri di non riconoscerlo davvero? Siamo sicuri di non averlo mai visto? Eppure ci viene sempre a trovare, ci porta le gelatine di frutta che ci piacciono tanto e i cioccolatini fondenti. Ce li ricordiamo i cioccolatini e le gelatine di frutta? Su, su, da brava signora Lucia, il nostro figliolone ci resta molto male se non lo riconosciamo."

La mamma l'ha fissata con occhi fermissimi e ha sillabato: "Suor Carmela, io questo signore che intende farsi passare per mio figlio, lo vedo oggi per la prima volta in vita mia. Lei sa benissimo che io non ho mai avuto figli".

Suor Carmela mi ha fatto cenno di non insistere. Sottovoce mi ha raccomandato di tornare presto, forse si trattava solo di un episodio passeggero di amnesia. Forse uno sbalzo di pressione, non dovevo preoccuparmi, può succedere, ne avrebbe parlato al medico.

Ho salutato la mamma dandole del lei, come se fosse una signora qualunque. Mentre mi allontanavo, mi sono girato a guardarla: mi osservava andar via con un accenno di sorriso sulla bocca.

Forse mi ha dato di volta il cervello, ma mi è parso un sorrisetto maligno, beffardo, come se assaporasse un malevolo trionfo. Mi sono arrovellato per trovargli un senso, nel tragitto di ritorno, senza riuscirvi. Ero molto inquieto.

Quando sono rientrato – Giovanna non c'era – mi sono versato un buon bicchiere di whisky per rimettermi un po' in sesto dopo quel colpo. Stavo per portarmelo alle labbra, quando sono rimasto fulminato, con il bicchiere a mezz'aria e la bocca spalancata. Lì per lì non l'avevo notato, ma la mamma aveva chiamato due volte per nome suor Carmela. Dunque, la riconosceva benissimo.

Era me che non riconosceva, solo me. Ho sentito un sudorino freddo giù per la schiena. Allora, quel sorrisetto beffardo... Devo subito telefonare a Elisabetta per accertarmi se la mamma non riconosce più nemmeno lei.

3.

ORATORIO DI NATALE

Siediti lì, su quella poltrona, c'è più luce. Ecco, così ti vedo meglio. Purtroppo, da quando ho la cataratta, vedo tutto offuscato e nella penombra non distinguo quasi nulla. Stai comoda? Il sole non ti dà fastidio? Dovrò operarmi in autunno, ma non sono affatto preoccupata, la medicina ha fatto tali progressi! Ora esiste un cristallino artificiale più sottile di un'unghia, basta un taglietto nell'occhio per inserirlo, si sta bendati e immobili per qualche giorno ed è fatta. Il chirurgo mi ha assicurato che questo intervento mi restituirà la vista di un neonato. Ma non si diceva che i neonati non ci vedono quasi niente? Non mi è parso il paragone più indovinato. In ogni caso, ci vedrò meglio di quanto non veda ora. Leggere è diventato molto faticoso e senza i miei amati libri le giornate mi sembrano interminabili. Ho compiuto ottant'anni a gennaio, sai? Non ci credi? Lo so, non li dimostro, ma ti garantisco che mi pesano tutti e ottanta sulle spalle. Soprattutto da quando non c'è più il mio Armando. Sono invecchiata di dieci anni in un colpo. Se sapessi come mi manca! Abbiamo vissuto insieme cinquant'anni – mezzo secolo, ci pensi? – e mai uno screzio, un disaccordo, una parola offensiva. Il mio Armando era un uomo meraviglioso, intelligente, sensibile, gentile, paziente. È mancato cinque anni fa e mi ha lasciato un vuoto immenso.

Non riesco ancora a capacitarmi che non ci sia più, talvolta mi sembra di sentirlo muovere di là, nel suo studio, tendo l'orecchio, mi aspetto da un momento all'altro che mi chiami per farsi portare un caffè, un bicchier d'acqua o una spremuta, come faceva di solito, oppure per chiedermi di aprire le tende o tirar su le tapparelle o cercargli un libro nella biblioteca. Ogni volta che penso a lui, ho un soprassalto e sento una trafittura qui, al costato, che mi lascia senza respiro. Tutti i giorni, verso l'una, di là dalla porta chiusa, chiedeva gentilmente: "Teresa, è pronto il pranzo?". Non ha mai alzato la voce in vita sua, mi ha sempre trattata con dolcezza e con estremo rispetto, come quando eravamo fidanzati. Senza di lui questa casa è orribilmente vuota, è diventata troppo grande per me sola, mi aggiro per le stanze senza sapere che fare di me stessa. Che malinconia. Da quando era in pensione usciva poco, mi faceva compagnia, benché se ne stesse tutto il giorno chiuso nel suo studio. Sai, stava scrivendo ormai da anni un libro sulle ville venete che lo appassionava molto e non sopportava di interrompere il suo lavoro. Aveva fretta di finirlo, quasi presentisse che gli era rimasto poco tempo da vivere. Era pieno di interessi, il mio Armando, ma la sua passione più grande era l'arte.

Io sbrigavo le faccende attenta a non far chiasso, ma la cucina è proprio accanto alla sua stanza, capitava che una pentola mi sfuggisse di mano e facesse un gran fracasso, non ho più una presa sicura a causa dell'artrite, vedi come sono deformate le mie dita? Oppure una porta o una finestra sbattevano, tiravo lo sciacquone del bagno, passavo l'aspirapolvere. Lui s'infastidiva per ogni minimo rumore e se ne lamentava, sempre con garbo. Capisci, quando si è immersi in un lavoro importante, basta un'inezia per distrarsi e perdere il filo, la concentrazione. Persino il telefono gli dava noia quando squillava, persino la mia voce, nonostante sussurrassi al punto che i miei figli, quando chiamavano, si allarmavano e chiedevano: "Mamma, è successo qualcosa?" "Ma no, rispondevo, non è successo niente, parlo sottovoce perché non voglio disturbare il papà che lavora." "E tu non lavori?", ribatteva mia figlia. "A te chiunque ti può disturbare quando vuole." Donatella è sempre stata una rivoltosa, era l'unica dei tre a non andare d'accordo con suo padre, lo accusava di essere un despota. Figurati, era l'uomo più buono, adattabile e conciliante del mondo. La verità è che mia figlia ha un caratteraccio, tanto è vero che il suo matrimonio non è durato.

Ero io che copiavo a macchina quello che scriveva il mio Armando, aveva una scrittura impossibile, tanto che capitava che nemmeno lui riuscisse a rileggerla. Io sapevo decifrarla meglio di lui, sembra assurdo ma è così. Ricopiare mi piaceva molto, mi dava la sensazione che il suo libro fosse in parte anche opera mia. Sai che l'ha dedicato a me? Sulla prima pagina ha voluto scrivere: *A mia moglie Teresa, senza la quale questo libro non sarebbe mai stato scritto.* Che peccato che nessun editore abbia voluto pubblicarlo! Lui ci ha sofferto tantissimo. Ci sono già centinaia di libri sulle ville venete, gli rispondevano. Ma il suo, ti assicuro, era un libro particolare, erudito, accuratissimo, pieno di notizie curiose inedite. Gli è costato più di dieci anni di ricerche, di documentazione, di scrittura. È stato proprio un gran peccato. Il dattiloscritto è ancora di là, in un cassetto della sua scrivania.

Per fortuna aveva quell'interesse così assorbente, così esclusivo. Sai, per gli uomini il momento in cui smettono di andare a lavorare fuori casa è molto difficile, non sanno più come occupare il loro tempo, come impegnare le loro energie, si avviliscono, si deprimono, si sentono inutili. Per noi donne è diverso, abbiamo la casa cui badare e mille piccole incombenze da affrontare, banali, se vuoi, e anche noiose, ma che ci aiutano a sentirci ancora utili, necessarie.

Ti vedo molto meglio lì dove sei. Sei sicura che non ti dia fastidio il sole? Chissà se ti avrei riconosciuta se ti avessi incontrata per la strada. Sono passati tanti anni! Quando ci siamo viste l'ultima volta? Nel 1972? Giusto vent'anni fa! Noi siamo venuti a Roma un anno sì e uno no, finché abbiamo potuto, e ogni volta siamo andati a trovare i tuoi, ma tu non c'eri mai. Eri in viaggio con tuo marito, diceva tua madre, oppure eri impegnata con l'università. Ogni volta il mio Armando voleva rivedere la Cappella Sistina, si incantava per ore con il naso al soffitto. Ci sono state feroci polemiche per i restauri, qualche anno fa, l'ho sentito alla televisione. Tu l'hai vista, dopo che è stata restaurata? Ma come! Abiti a Roma e non sei andata a vederla? Pare che abbiano restituito agli affreschi i colori originali, ma al tempo stesso qualcosa deve essere stato alterato perché i volumi risultano appiattiti.

Di tanto in tanto mi abbandono alle fantasie di tornare a Roma ancora una volta prima di morire, per rivedere la Cappella Sistina di cui il mio Armando era proprio innamorato. Mi sembrerebbe di renderlo felice, là dove sta, perché nel ricordo di lui compirei un'azione che gli dava gioia. Ma il viaggio è troppo faticoso e io sono troppo vecchia. Già, hai ragione, potrei prendere il vagone letto. Ma non me la sento di viaggiare da sola, non l'ho mai fatto. Quando c'era il mio Armando provvedeva a tutto lui, preparava il programma del viaggio nei minimi dettagli, poi mi diceva: "Prenota l'albergo tal dei tali, vai a fare i biglietti, ritira i soldi in banca". Io non dovevo preoccuparmi di niente. Adesso invece dovrei fare tutto da sola, me ne sento incapace, ho paura, come se senza di lui corressi chissà quale pericolo. Mi sento esposta, vulnerabile, alla mercé di qualsiasi imprevisto.

No, non ho un'amica con cui viaggiare. Quando era vivo il mio Armando frequentavamo solo i suoi amici, che erano poi i suoi ex colleghi, in pensione come lui. Tra noi mogli non avevamo molto da dirci e quando è mancato lui, a poco a poco abbiamo smesso di vederci. Non erano amicizie mie, capisci. Da quando sono rimasta sola non ne ho fatte altre, a una certa età diventa difficile legare con persone nuove. Se ne fa a meno, ci si isola, si vive di ricordi. Ho soltanto delle conoscenze, giusto per fare due chiacchiere quando esco nel quartiere. Con la tua mamma eravamo molto amiche fin da prima che io mi sposassi, lei era più anziana di me, e lo siamo restate anche quando siete tornati a vivere a Roma, benché ci si vedesse di rado. Ma ci scrivevamo spesso lunghe lettere. Purtroppo la vita divide.

Le mie sorelle? Le mie sorelle sono più giovani di me, hanno ancora i loro mariti e non viaggiano mai. D'estate vanno da secoli in vacanza nello stesso posto, in montagna, vicino a Sondrio. Un paio di volte sono andata con loro, da quando sono rimasta sola, ma non ha smesso un momento di piovere e la mia artrite ne ha risentito. Non vengono a trovarmi di frequente, non stanno proprio a due passi e poi hanno molto da fare tra mariti, figli, nipoti.

Mentre il mio Armando aveva una passione sviscerata per l'arte, come ti ho detto, io ho sempre preferito la musica, andavo matta per i concerti, le opere. Sì, la musica è stata davvero la mia grande passione. Beh, dico è stata perché alla mia età non si ha più passione di niente. Quando andavamo in Vaticano, c'era già il papa Paolo VI, avrei tanto voluto ascoltare uno di quei magnifici concerti alla Sala Nervi, ma il mio Armando invece non ne aveva nessuna voglia. È l'unico punto sul quale avevamo gusti diversi. Lui obiettava: "Ma non hai i tuoi dischi a casa, le edizioni più prestigiose, i cantanti più celebri, i migliori direttori d'orchestra? Non è meglio godersi la musica in pace, da soli, che ascoltarla in una sala piena di gente?". Non posso dargli tutti i torti, sebbene io sia convinta che nemmeno la riproduzione più perfetta possa eguagliare il prodigio della musica che nasce, prende corpo davanti ai tuoi occhi. Ogni volta lo stupore, la meraviglia si rinnovano, come di fronte a un miracolo. Da ragazza frequentavo assiduamente i concerti, ma dopo sposata non ci ho più tenuto tanto. Ora mi pento di aver perduto certe occasioni, ma quel che è stato è stato e ora è troppo tardi per rimediare.

Devo riconoscere che il mio Armando, nonostante non amasse la musica, non dimenticava affatto quale gioia costituisse per me, tutt'altro: ogni anno, per il mio compleanno, mi regalava dischi di musica classica. Guarda pure, sono tutti lì, su quello scaffale in basso. Molti però me li sono comprati da sola, prima avevo il mio stipendio di insegnante, poi la mia pensione, e dal momento in cui lui mi ha lasciato, anche la sua. Ma da quando è scomparso, non ne ho più comperati. Sì, economicamente sono sempre stata indipendente, tranne gli anni in cui i bambini erano piccoli e ho dovuto smettere d'insegnare. Ovviamente lui guadagnava molto più di me. Diceva, scherzando: "Con quello che porti a casa tu, al massimo potremmo comprarci il vino e l'acqua minerale". Era spiritoso, il mio Armando, aveva un gran senso dell'umorismo. Ai rarissimi concerti cui sono riuscita a trascinarlo, sbadigliava non appena iniziavano a suonare o addirittura si addormentava. Nemmeno l'opera gli piaceva, mentre io ne andavo pazza: diceva che era grottesco che i cantanti si sgolassero a gridarsi nelle orecchie quando sarebbe stato molto più normale che si parlassero come fanno tutti. Per lui non scattava la magia della scena, la dimensione sonora gli era estranea. Invece io lo seguivo volentieri alle mostre, anche se di pittura non capisco un granché. Semplicemente ero felice di vederlo felice.

Andarci da sola? Ai concerti? Ma come ti viene in mente! Ai miei tempi non si usava che una donna uscisse senza il marito. No, no, nemmeno con un'amica, ammesso che ne avessi una. Sono novità di voi donne giovani... Hai già sessantatré anni? Ma non li dimostri affatto! Sì, ne convengo, non sei più una donna giovane nemmeno tu, ma tra noi ci sono quasi vent'anni di differenza e le cose sono cambiate. No, no, davvero, non sarei stata assolutamente capace di uscire senza di lui, gli avrei dato un dispiacere. Per cinquant'anni abbiamo fatto sempre tutto insieme, ci faceva piacere fare le cose insieme. E poi, che cosa avrebbe detto la gente?

Vuoi un tè? Un succo di frutta? Niente? Proprio niente? Ne sei sicura? Guarda, guarda, la libreria dietro di te è piena zeppa dei libri d'arte che il mio Armando ha comprato in tanti anni, da quelli in bianco e nero di prima della guerra a quelli a colori che da noi sono arrivati negli anni cinquanta. Non te li ricordi anche tu i libri della Skira, quella casa editrice svizzera che per prima ha stampato i libri d'arte a colori? Che avvenimento è stato! Com'era emozionato il mio Armando mentre sfogliava i primi volumi! Quelle riproduzioni così fedeli sembravano un miracolo, le opere d'arte era come averle in casa.

Oddio, ho parlato sempre io! Sono una chiacchierona terribile. Vivendo sola, sto sempre zitta e quando finalmente trovo qualcuno con cui parlare, lo sommergo come un torrente in piena. Dimmi di te, ora. So che insegni all'università, vero? Letteratura francese? È una bella materia, no? E ti piace insegnare? Non hai avuto figli, no? Quando siamo venuti a Roma, nel '76 mi pare, ti eri appena separata da tuo marito. Tua madre ne aveva sofferto moltissimo. Piangeva, poverina, era molto religiosa e considerava il matrimonio un sacramento indissolubile e la separazione un peccato grave. Mi ha fatto una pena. Non ti sei sposata in chiesa? Ti sei sposata solo civilmente? Ah, questo tua madre non me l'aveva mai detto, forse se ne vergognava. Che dolore deve essere stato per lei un matrimonio civile!

Ma non potevi sposarti in chiesa per farla contenta? Che cosa ti costava farlo? Sì, d'accordo, ma talvolta non sarebbe meglio mettere da parte i propri principi e non far soffrire quelli che ci vogliono bene? Sì, può darsi, se tutti si comportassero così, le cose non cambierebbero mai. Ma c'è proprio bisogno che cambino? A mio parere certe usanze, certe tradizioni, saranno sempre valide. Se cambiassero, in seguito ci si accorgerebbe che erano giuste e avevano una ragione d'essere.

Hai anche divorziato? Oddio! E quando? Meno male che tua madre non c'era già più, se no sarebbe morta di dolore. Sì, va bene, ti eri sposata solo in municipio e perciò potevi divorziare, ma per tua madre il divorzio sarebbe stato un secondo dolore aggiunto al primo. Anche mia figlia ha divorziato e per me è stato un colpo terribile. Non riuscivo ad accettarlo. Ho fatto di tutto per rimetterli insieme, ma non c'è stato verso, lei è stata irremovibile. Donatella dice che con suo marito non andava più d'accordo da un pezzo e allora era meglio che ognuno andasse per la propria strada. E lo sai che cosa dice sua figlia Angelica, che ha ventidue anni? Che lei non si sposerà mai. Dice: "Un uomo, se voglio, posso averlo lo stesso senza sposarlo e senza viverci insieme". Ride, quando vede che mi scandalizzo. Dice: "Nonna, sono finiti i tempi in cui una donna toccava il cielo con un dito quando un uomo le chiedeva di sposarlo, come nei film degli anni cinquanta". Credo sia rimasta traumatizzata dal divorzio dei suoi genitori. "E l'amore dove lo metti?", ribatto io. E lei, spietata: "Nonna, voialtre della vostra generazione avete confuso l'amore con i servizi. E vi siete fregate la vita". Dice proprio così: "fregate". "E i figli?" obietto io. Per una donna i figli sono necessari, le riempiono l'esistenza. E lei sai che cosa mi risponde? "Io l'esistenza me la riempio benissimo da sola." Farà una bruttissima fine, questa mia nipote, se non cambia le sue idee.

Certo, adesso non ci mettete molto voi donne di oggi a dire basta quando un matrimonio non funziona. Una volta invece il marito dovevi tenertelo comunque fosse, toccava a noi adattarci, sopportare, tenere la bocca chiusa, gli uomini sono fatti come sono fatti. Io sono stata fortunata perché il mio Armando aveva un ottimo carattere, era comprensivo, adattabile.

E adesso come vivi? Sola? Sola per scelta? Ma che cosa vuol dire? Ah, questa poi! Difendi la tua libertà. Ma libertà di che, alla tua età? Che cosa vorrai mai fare? Ci tieni alla tua indipendenza. Ma a cosa ti serve tutta questa indipendenza? È l'idea in sé che ti è necessaria? Mi sembra di capire quello che intendi dire.

Anch'io, a mio modo, sono molto attaccata alla mia indipendenza. Per esempio, non vorrei vivere con nessuno dei miei figli che, a intervalli, me lo chiedono. No, non lo desidero affatto. Amo la mia casa e da quando è scomparso il mio Armando mi piace viverci da sola, non vorrei avere nessun altro intorno. Sì, mi capita talvolta di soffrire la solitudine, ma non per questo vorrei vivere con qualcuno. È il mio Armando che mi manca. Mi piace alzarmi presto la mattina, appena fa giorno, mi piace sfaccendare, pulire, mettere in ordine, con la certezza che nessuno disferà ciò che ho fatto. Quando ho finito e me ne viene voglia, mi piace prepararmi un buon caffè, molto forte, con tanto zucchero e una goccia di latte e sedermi al tavolo di cucina a berlo con comodo. Mentre sto seduta, mi piace contemplare gli alberi fuori dalla finestra, ascoltare i merli che fischiettano sui rami. Mi piace prendere il mio tempo, senza che nessuno mi metta fretta, leggere il giornale, fare un riposino in tranquillità, distesa sul divano, subito dopo mangiato. Mi piace uscire a passeggio nel pomeriggio, guardare le vetrine, osservare i bambini che giocano nel parco, i cani che portano a spasso i loro padroni, far due chiacchiere con qualcuno che incontro, comprarmi un gelato di fragola e limone. Mi piace prendermela comoda, tanto a casa non c'è nessuno che mi aspetta e s'impazientisce. Ceno quando mi viene appetito. In questa stagione le serate sono così belle, così dolci, rientro all'imbrunire, me le godo fino all'ultima luce. Mi piace comprarmi qualche leccornia, un filetto di trota, del salmone affumicato, una buona bottiglia di Barbera. Me lo posso permettere. La televisione la guardo solo se c'è qualcosa che m'interessa. Mi piace avere intorno le mie cose, guardare le fotografie, riordinare le mie carte. Ho ancora le lettere di quando eravamo fidanzati, ogni tanto le rileggo e mi fanno un effetto... Eravamo così romantici! Quando si è fidanzati, ci si perde nei sogni, ma la vita matrimoniale è un'altra cosa, i guai, le fatiche, i dispiaceri, le delusioni vengono per tutti. Abbiamo festeggiato le nozze d'oro a maggio di cinque anni fa. C'erano tutti, i figli, i nipoti, le mie sorelle, i loro mariti. È stata proprio una bella festa. Ma il mio Armando si sentiva già poco bene, aveva dolori allo stomaco, mangiava poco, dimagriva. I medici non ci hanno capito niente, dicevano che si trattava di una gastrite, gli avevano prescritto delle pillole che però non gli facevano niente. Invece aveva un tumore, se ne sono accorti solo all'ultimo momento, quando ormai era troppo tardi per operare. Abbiamo preferito non fargli sapere che il suo male era incurabile, come si fa a dire a un uomo che deve morire? Sono così facili da ingannare, i malati, loro per primi si rifiutano di conoscere la verità. Il cuore è stato soffocato dalle metastasi, così hanno detto, e all'improvviso ha ceduto. Ha avuto la fortuna di morire senza accorgersene, è successo di notte: si è tirato su a sedere, mi ha svegliato e mi ha detto: "Teresa, ho una fitta qui alla spalla"... Ho acceso la luce e l'ho visto bianco come uno straccio. Aveva gli occhi sbarrati, ansimava con la bocca spalancata e un filo di bava gli colava giù per il mento. Non ho fatto neppure in tempo ad alzarmi che mi è caduto addosso, l'ho preso tra le braccia ed è morto così, stretto contro di me, come un bambino, come un bambino... Il suo corpo mi schiacciava, era così pesante che non riuscivo nemmeno a scostarlo. Come mi sono spaventata!

È terribile veder morire qualcuno, essere lì da soli, senza saper che fare e disperarsi, disperarsi... Povero il mio Armando, che pena mi ha fatto! Scusami, scusami, quando mi torna in mente quella notte ricomincio a piangere come se fosse successo ieri... la pena, la disperazione che ho provato... non riesco ancora a darmi pace. Non ho mai potuto raccontare a nessuno del momento in cui è morto, i particolari, voglio dire, neanche con i miei figli o le mie sorelle. Mi sono accorta che non sopportavano ne parlassi, quasi fossero sopraffatti dall'angoscia della descrizione. È una consolazione parlare della morte di una persona cara, ma non te lo permettono, ti tappano subito la bocca.

Ho sperato di morire anch'io, non aveva alcun senso che gli sopravvivessi. Mi sentivo inutile, finita, come una candela consumata. Non avevo più voglia di niente, niente più mi attraeva, mi interessava. Ora va un po' meglio, sì, ma non molto, se devo dire la verità. La musica? Sì, forse la musica mi piace ancora. Veramente non lo so, è da quando è morto lui che non ascolto un disco, mi sembrerebbe di fargli un torto, di approfittare della sua morte... lui non c'è più, e io sono qui che mi diverto... Per il mio ultimo compleanno i miei figli mi hanno regalato la *Norma* e *Così fan tutte*. Ma non li ho nemmeno aperti, i dischi. Sono lì intatti.

Mi perdo spesso a ripensare al passato, a tutto quello che abbiamo vissuto insieme, al tempo in cui eravamo giovani, alla nascita dei bambini. Sai, quando erano cresciuti abbastanza da non avere più bisogno della mia presenza costante, ho ripreso a insegnare.

Il mio Armando era contrario, temeva che mi stancassi troppo perché mi avevano assegnato una scuola in un paesino distante quaranta chilometri da Cremona, dove lui era stato trasferito a dirigere una filiale della fabbrica. Usciva la mattina alle sette e mezzo, pranzava alla mensa della ditta e rientrava solo la sera intorno alle sette. Il lavoro gli piaceva molto, aveva un incarico importante ed era molto stimato. I figli studiavano e stavano poco in casa. Io mi ero sentita all'improvviso disoccupata, superflua, nessuno aveva più bisogno di me.

Avevo lasciato l'insegnamento quando era nato Giacomo, il mio primo figlio, con enorme dispiacere: ma quando hai un bambino piccolo non ti resta nemmeno più il fiato per respirare. Poi erano arrivati gli altri due, a distanza di poco più di un anno l'uno dall'altro. È stato un periodo di fatica estenuante, notte e giorno, senza sosta, senza riposo, senza sollievo. Avevo solo l'aiuto di una domestica a ore, avremmo potuto permettercene una fissa, ma il mio Armando teneva moltissimo alla nostra libertà e intimità, non voleva avere un'estranea tra i piedi. Aveva ragione, anche se spesso io ero distrutta dalla fatica.

Che cosa stavo dicendo? Ho perso il filo. Ah, ecco! Il mio Armando non voleva che riprendessi l'insegnamento, ma alla fine si è convinto e mi ha lasciato fare. Talvolta mi punzecchiava con qualche battuta perché tornavo a casa tardi, ero sfinita e assorbita dai problemi di tutti quei ragazzi e perciò mi capitava di dimenticare di comprare il pane per la cena o il latte per la colazione. Avevo anche meno tempo per cucinare i suoi piatti preferiti o per andare a comprare la carne migliore da un macellaio fuori zona o il vino che gli piaceva tanto in un negozio distante. Si lamentava un po' delle mie fettine sbrigative e coriacee, brontolava contro la scuola, ma bonariamente.

Spesso, quando rientrava la sera, ero ancora impegnata a correggere i compiti. Quando c'erano le riunioni degli insegnanti o gli scrutini, rincasavo addirittura dopo di lui. La casa era trascurata e lui me lo faceva notare, ridendoci su. Passava il dito sui mobili, sui davanzali delle finestre e persino sulle cornici dei quadri e me lo metteva sotto il naso per mostrarmi quanto fosse nero di polvere. "Teresa mia," diceva, "non sei più quella di una volta!" Ogni tanto gli parlavo dei miei alunni, alcuni erano figli degli immigrati meridionali venuti qui negli anni cinquanta, vivevano accatastati in sette o otto in due stanze, non avevano nemmeno un angolo del tavolo di cucina per fare i compiti, né tanto meno un gabinetto o l'acqua in casa per lavarsi. Poveri bambini, denutriti, rachitici, facevano una vita miserabile, in classe si addormentavano con la testa sul banco.

Lui mi ascoltava con un orecchio solo, annuiva, aggrottava la fronte, ma pensava ad altro: appena avevo finito di parlare, cambiava discorso. La fabbrica era in fase di ristrutturazione e lui aveva grossi grattacapi con gli operai e i sindacati: in confronto ai suoi problemi, quelli dei miei scolari facevano quasi ridere.

Nel 1960 ho preso la patente di guida. Avevo già cinquant'anni, pensa, ho avuto un bel coraggio. Ero stanca di alzarmi la mattina alle sei per la corriera, una lumaca che impiegava un'ora e mezzo a percorrere quaranta chilometri. All'esame di guida ero terrorizzata, ero l'unica della mia età. Mi ricordo che ho preso una pasticca di Simpamina per avere i riflessi più rapidi. Sono stata molto fiera di me stessa perché sono stata promossa al primo esame mentre altri, molto più giovani di me, l'hanno ripetuto due e persino tre volte. Mi sono comprata una Cinquecento nuova fiammante, rossa. È stato un giorno trionfale, mi sembrava quasi di cominciare una nuova vita. Impiegavo la metà del tempo per andare a scuola.

Il mio Armando si è opposto strenuamente alla mia intenzione di prendere la patente. Diceva che ero matta, alla mia età. E poi sosteneva che ero troppo distratta, confondevo la destra con la sinistra, avrei avuto di sicuro un incidente. Mi accusava persino di essere daltonica, figurati, io i colori li distinguo benissimo. Le ha tentate tutte per dissuadermi, ha usato persino l'arma del ricatto, giurava che ogni volta che mi fossi messa al volante sarebbe stato divorato dall'ansia, gli avrei inflitto un supplizio. Fidati di me, gli ribattevo, me la saprò cavare benissimo. Non ne capisci niente di motori, sbraitava, come tutte le donne. Gli uomini sono convinti che se non si conosce a menadito il funzionamento del motore, non si può guidare. Invece, insistevo io, si può farlo benissimo ignorando completamente ciò che succede dentro il cofano, così come si può usare la lavatrice senza conoscere affatto il meccanismo per cui fa il bucato.

In questa circostanza il mio Armando si è intestardito in modo insolito, chissà perché. Sai che a un certo punto mi è venuto il sospetto che l'idea che io me ne andassi in giro in macchina per conto mio lo infastidisse. Non ne capivo la ragione, in fondo non facevo che andare a scuola e tornare, né più né meno di quanto facessi con la corriera. Al ritorno caricavo la spesa in macchina, evitando di dover uscire di nuovo. Magari l'avessi ancora la mia Cinquecento! Invece me l'hanno fatta vendere i miei figli. "Alla tua età," dicevano, "chissà che cosa combini." Neanche avessi centovent'anni. La patente l'ho sempre rinnovata. Passavo la visita medica ogni cinque anni, verificavano che fossi idonea, vista, udito e tutte quelle cose lì, mettevano un timbro ed ero a posto per un bel pezzo. Adesso che ho la cataratta non otterrei il rinnovo, ma tra due anni, quando scadrà, mi sarò già operata. Ti sembrerà sciocco, ma disporre di una patente valida, apporvi il bollo ogni anno, mi dà un senso di fierezza, quasi fosse un attestato ufficiale e perciò obiettivo che non sono ancora decrepita, un salvacondotto che non mi estromette dal consesso delle persone efficienti.

Mettermi al volante mi eccitava, mi dava allegria. Mi

sentivo libera, euforica e padrona di me stessa, come se corressi incontro a un'avventura. Da ridere: tutta la mia avventura consisteva nell'andare a scuola ogni mattina! Quando guidavo tutta sola, lasciandomi alle spalle la casa con tutte le sue noie, cantavo a squarciagola arie da opere e ridevo, come ridevo! Mi sentivo come una ragazzina che ha marinato la scuola. Cantavo la parte di Donna Elvira, nel *Don Giovanni*: "Ah! chi mi dice mai, quel barbaro dov'è.... – di Zerlina – Batti batti bel Masetto... – di Leporello – Madamina, il catalogo è questo, delle belle che amò il padron mio: un catalogo gli è che ho fatt'io, osservate leggete con me...". Come ridevo! Se qualcuno mi avesse visto, mi avrebbe preso per pazza. Erano bei tempi, allora, ci si accorge sempre in ritardo di quanto si sia stati felici. Non solo perché ero più giovane, piena di energie, con un lavoro che mi piaceva, ma perché c'era ancora il mio Armando. Lui era il centro della mia vita. Facevamo ogni cosa insieme. Quando si dedicava al suo libro sulle ville venete, quelle del Palladio e le altre, ero io che andavo in biblioteca per le ricerche, che gli procuravo il materiale necessario, le fotografie, le piante, in modo che lui trovasse tutto pronto e non avesse che da scrivere. La Malcontenta, villa Serego, villa Manin, villa Pisani, villa Valmarana e tante altre: le conoscevo a memoria, siamo andati a più riprese a visitarle. Questo lavoro mi appassionava, teneva in esercizio il cervello, mi impediva di arrugginire. Mi restava tanto tempo libero, però, ormai non insegnavo più, i figli se n'erano andati di casa da un pezzo. Quando avevo finito di sfaccendare e spignattare, ascoltavo la mia amata musica. Mi sedevo su una seggiolina bassa accanto al giradischi, con l'orecchio quasi appoggiato all'altoparlante e riducevo il volume al minimo. Sì, è vero, la musica si apprezza meglio al volume giusto, né troppo alto né troppo basso. Forse ero un po' sorda, come insinuava ridendo il mio Armando, e il suono era più forte di quanto credessi, perché il disco era appena iniziato e lui dal suo studio si lamentava: "Teresa, abbassa la musica, non riesco a concentrarmi". Più bassa di così era impossibile, tanto valeva che spegnessi. Dopo qualche giorno mi tornava la voglia, quelle arie, quei motivi mi frullavano in testa, li canterellavo in sordina mentre cucinavo e senza accorgermene battevo il tempo con il piede. Per quanto mi sembrasse di fare attenzione, lui mi sentiva e protestava. Aveva una pazienza inesauribile, con me, una pazienza da santo, io purtroppo ho un carattere indisciplinato.

A dire il vero, trovavo strano che lui avesse una tale avversione per la musica, è così naturale che piaccia, anche se non necessariamente quella classica. Ma lui non amava nemmeno le canzoni. A me invece la musica dà un senso di quiete e di esultanza insieme. Sai che cosa sono arrivata a pensare, Dio mi perdoni? Che la detestasse proprio perché piaceva tanto a me, perché era una passione prepotente che lo escludeva. Sì, era geloso e possessivo, mi avrebbe voluta tutta per sé, ma questo aspetto della sua indole non mi disturbava, al contrario, mi lusingava perché era la prova del suo attaccamento. Darei qualsiasi cosa, credimi, perché lui fosse ancora di là, nel suo studio, e mi dicesse: "Teresa, spegni quel giradischi, non riesco a lavorare...". Invece è morto, il mio Armando, è morto e non può più dirmi niente, niente... Sì, sì, non hai torto, la mia amata musica mi gioverebbe, mi aiuterebbe a superare gli accessi di malinconia che mi assalgono fino a farmi mancare il respiro... talvolta ho una percezione così vivida, così cruda del vuoto e della solitudine da sentirmi soffocare. Sono momenti di terribile crudeltà. Ma non oso, mi sembrerebbe di recare offesa al mio Armando: lui non c'è più e io mi dò alla pazza gioia. Una volta ho ceduto alla tentazione di riascoltare *La Traviata*, ma l'ho interrotta a metà del primo disco per un assalto di disperazione e odio contro me stessa, come se l'avessi tradito o avessi sparlato di lui. Mi sono sentita vile, spregevole. Da allora non l'ho più fatto. È proprio vero che le persone che abbiamo amato ci comandano più da morte che da vive. Quando si è vissuti cinquant'anni con qualcuno, è come se fosse scolpito dentro di noi. Parla, esige, lega, impone, vieta più che se fosse vivo. Non posso disubbidirgli proprio perché ora lui non può più protestare, difendersi, opporsi: se lo facessi, mi sembrerebbe di approfittare della sua morte. Oggi, più ancora che nel passato, quando lui c'era, io sono la sentinella di me stessa, mi impedisco di fare ciò che a lui sarebbe dispiaciuto. È così, è proprio così. Non so se tu possa capire, sei troppo giovane e non hai perduto un essere amato con cui hai vissuto tanto a lungo.

Sì, sì, certo, puoi dare un'occhiata ai miei dischi, sono tutti lì, sullo scaffale in basso. Sì, naturalmente, il giradischi funziona, non lo uso da molto tempo ma è di ottima marca.

Fammi vedere. Ah, questo è un disco straordinario, incantevole, uno dei miei preferiti, non riesco a leggere le parole sulla copertina, ma riconosco la fotografia di Irmgard Seefred, un celebre soprano tedesco. Ah, la conosci anche tu? Canta i *Lieder* di Schubert. È un vecchio disco della Deutsche Grammophon, ma è ancora in buone condizioni. I dischi non li ascoltavo, è vero, nondimeno li tenevo con molta cura. La Seefred ha una voce limpidissima, di eccezionale purezza. È stata la più grande interprete di *Lieder*. Mi pare che l'*Ave Maria* sia sulla prima facciata. Vedi che non mi sbaglio? Quando ero adolescente, la cantavo nel coro della chiesa: cantare mi dava brividi di felicità. La suora ci accompagnava con l'armonium e mi ammoniva: "Ricordati che è un coro!". Perché io, per puro entusiasmo, con la voce tendevo a sovrastare le compagne, a librarmi nel volo solitario dell'assolo. Ascoltavo la mia voce, che aveva ancora il timbro argentino della fanciullezza, levarsi su quella delle altre e mi inebriavo di me stessa. A quell'età si vive con un'intensità che rasenta la ferocia e in una tensione spasmodica, come se si procedesse in equilibrio su una corda tesa. Poi la vita stessa s'incarica di ricondurci alla ragione e al limite.

Guarda l'altra facciata, ci sono i *Lieder der Mignon*, i versi sono di Goethe, lo sapevi? Ho sempre rimpianto di non aver studiato il tedesco, a scuola, invece del francese. Anche tu? Non era di moda dopo la prima guerra, per ovvi motivi. Già, e non era di nuovo di moda, per così dire, dopo la seconda guerra mondiale, quando andavi a scuola tu, per gli stessi ovvi motivi. C'è anche *Die Forelle*, un *Lied* di grazia squisita. Lo conosci? Purtroppo non ricordo le parole, quando cantano in una lingua sconosciuta rimangono prive di senso e perciò non restano impresse nella mente. Fa così: *ta ra ta tataratà, ta ra ta tataràtà*, ah, lo conosci, allora! Anche tu hai una bella voce! E poi sei ben intonata. A me le persone stonate fanno allungare i denti. È bello cantare insieme un motivo, non è vero? È dai tempi del coro della chiesa che non lo faccio. Cantare insieme mi commuove ancora, mi dà un senso particolare di comunione.

Vorresti ascoltare questo disco? I *Lieder* di Schubert? Dio mio no, non ancora. No, scusami, è meglio di no. Davvero, non me la sento. Vedi un po' che altro c'è. Temo di essermi dimenticata dei dischi che ho da molto tempo. Ah, quello lo riconosco, è un disco dell'Archiv, una casa discografica tedesca che era celebre più di vent'anni fa, chissà se esiste ancora. Le sue edizioni erano impeccabili, superlative... non mi sono tenuta al corrente delle novità del mercato discografico, non so quali siano ora le edizioni migliori. Però so che hanno inventato i compact disc, che sono perfetti, senza fruscii, che non si rigano e non si rovinano con il tempo. Ma ci vuole un apparecchio speciale per ascoltarli, il mio giradischi non va bene. Dici che non costa molto? Davvero? Fammi un po' vedere quel disco, per favore, da qui non distinguo bene. Ah! È l'*Oratorio di Natale* di Bach, una delle opere che preferisco. È di una bellezza così assoluta da togliere il respiro. L'ho comprato nel 1965, me lo ricordo benissimo. Dio mio, sono passati ventisette anni! L'ho ascoltato sempre a volume minimo, per le ragioni che ti ho detto, e finché si tratta dei recitativi è sopportabile, ma quando arrivano i "fortissimo" del coro, diventa una vera sofferenza, tutto l'impeto musicale va perduto. Canta un soprano, Gundula Janowitz, che a quel tempo era giovanissima e in seguito è diventata famosa... meritatamente famosa, perché è magnifica. Ah, la conosci anche tu? Ma allora sai molte cose sulla musica! Come mi fa piacere! È così raro e così bello condividere gli stessi gusti, le stesse passioni!

Ma cosa stai facendo? Perché lo metti sul giradischi? No, no, ti prego, preferisco di no. Davvero, parlo sul serio. Forse con il tempo riuscirò a superare questa riluttanza, ma ora non mi sento ancora pronta. È troppo presto. È come se avessi pronunciato un voto, capisci che cosa voglio dire? L'ho imposto a me stessa in memoria di lui, come una prova di fedeltà. No, no, sono sicura che lui non vorrebbe affatto che io mi sacrificassi, che rinunciassi a qualcosa che mi dà gioia, tutt'altro. Sono io che ho una forte resistenza a farlo. Sì, è vero, è giusto vincerla questa resistenza, continuare a vivere, essere riconoscenti per la vita che continua. Ma io sento un vincolo che mi lega a lui e mi impedisce... Sì, sì, ne sono sicura. Però so che hai perfettamente ragione.... No, no, non farlo... Solo un pezzetto? Se proprio insisti... Va bene, ma giusto l'inizio. Se sento che non ce la faccio, lo togliamo. Nell'orchestra dell'*Oratorio di Natale* c'è anche l'oboe d'amore, lo sapevi? Oboe d'amore... che bel nome per uno strumento, vero? Il direttore dev'essere Richter, se non sbaglio. Sì, li ascoltavo poco i miei dischi, ma li rigiravo spesso tra le mani come oggetti preziosi, leggevo attentamente le etichette, imparavo a memoria il testo dei libretti. Mi ricordo che in quello accluso al cofanetto dell'*Oratorio* è riprodotta una pagina della partitura originale scritta di pugno da Bach. Ah, vedi che ricordo bene? C'è uno slancio, una veemenza in quelle note acuminate disposte sul rigo e l'insieme del foglio appare come una composizione grafica astratta. Sai che gli spartiti autentici sono custoditi nell'archivio di Bach, a Lipsia? Come mi piacerebbe visitarlo! Anche a te piacerebbe? Ora che le due Germanie sono unificate, dovrebbe essere più semplice, non ti pare?

Sarebbe bello andarci insieme... Potremmo prendere il vagone letto... Devi pigiare quel tasto verde, sulla sinistra. L'hai trovato? Ecco, adesso è acceso. Il disco avrà bisogno di essere pulito, per quanto li tenga protetti nelle buste di plastica, la polvere penetra ugualmente, si deposita nei solchi e distorce il suono. Accanto al giradischi dovrebbe esserci una scatoletta di bachelite, sì, proprio quella, dentro c'è l'apposita pezzolina di daino per questo uso. Brava, vedo che anche tu prendi in mano i dischi nel modo giusto, con due dita sui bordi, in modo che non rimanga l'impronta. Hai controllato se il giradischi sta su trentatré o su quarantacinque giri? È quel tasto accanto al piatto, a sinistra. Se resti ancora un giorno in città, potremmo andare in un negozio al centro, giusto per sapere quanto costa un apparecchio per i compact disc. Se mi accompagni tu, non avrei paura che mi imbroglino. Bene. Ora devi alzare quella levetta a destra, mettere in moto il piatto e il braccio si abbassa da solo. Oh, ecco, è partito... me lo ricordo perfettamente, è il coro che inizia... senti? Cantano "Jauchzet, frohlocket, auf preiset die Tage!". Io non capisco una sola parola del testo, ma per fortuna c'è la traduzione in francese. Cantano, press'a poco: "Giubilate, cantate in allegrezza, lodate questi giorni meravigliosi...". Non è magnifico? Ecco, questo è il recitativo del tenore... È così bello, così bello...

Scusami, ora sto zitta, la musica deve essere ascoltata in silenzio, nel massimo silenzio, ma sono così emozionata... per favore, alza un po' il volume... ancora un po', ecco, così va bene, tanto non disturbiamo nessuno, no?

4.

STENODATTILO PRIMO IMPIEGO

Com'è stanca la gente, pensò. L'uomo che le sedeva dirimpetto aveva scorso i titoli della prima pagina del "Messaggero" con espressione accigliata, aveva ammiccato scuotendo la testa – dove andremo a finire? era questo il senso – l'aveva ripiegato, aveva chiuso gli occhi e doveva essersi appisolato perché la sua testa ciondolava inerte ad ogni scossone dell'autobus. Una ragazza seduta sul lato destro, con una zazzera irta a fil di ferro, s'era stropicciata gli occhi devastando il nero fumo delle palpebre, aveva esalato un sospiro di resa e s'era stretta il colletto del giubbotto fin sulla bocca.

Un giovanotto in piedi, con le guance ispide della mezza barba di moda, s'era appeso al mancorrente con tutte e due le braccia, aveva appoggiato il piede sinistro sul polpaccio destro e se ne stava su una gamba sola come una gru insonnolita. Una donna a metà della vettura aveva chiuso un libro – nemmeno aguzzando gli occhi le era riuscito di decifrare il titolo, dopo una certa età la vista cala spaventosamente – aveva appoggiato la tempia al vetro del finestrino e ora fissava assorta le proprie ginocchia.

C'erano alcuni extracomunitari, nell'autobus. Di solito erano circa il dieci per cento, e i conti tornavano sempre: stavolta c'erano due nordafricani e un filippino.

Sul secondo sedile opposto al suo, c'era un'anziana signora obesa. Quando, ansimante e sudata, aveva con fatica guadagnato quel posto, vi si era lasciata cadere con tutto il peso, a cosce divaricate, come sono costretti i grassi, e s'era agitata per un pezzo sulle natiche gigantesche. Anita, suo malgrado, s'era figurata le gambe della donna sotto l'ampio vestito: bitorzolute, accidentate da pliche di grasso, devastate dalla cellulite, solcate da intricati cordami di vene varicose. Per un breve istante aveva incrociato gli occhi di lei, nerissimi, con l'umidore e il bagliore azzurrino della cornea proprio degli arabi. Affondati nell'adipe, rimpiccioliti dalle palpebre cascanti, assediati dalle rughe, conservavano tuttavia nel nitido disegno delle sopracciglia il segno della bellezza trascorsa. Anita era stata la prima ad abbassare lo sguardo: in quello dell'altra aveva scorto una fissità ottusa e, subito dopo, una vampata d'imperio che l'aveva intimidita. La donna aveva chiuso le mani sull'impugnatura della borsa appoggiata contro il seno smisurato: le sue dita sembravano salsicciotti di carne bluastra.

Era stato allora che aveva notato la croce che portava al collo, grande e vistosa, filettata d'oro bianco, il braccio orizzontale era ornato di brillantini – o erano pietre senza valore? – quello verticale di minuscoli rubini – o forse granate? Un pensiero fuggevole le aveva attraversato la mente: quella croce la conosco. Che sciocchezza, si disse, è proprio una stupidaggine. Si proibì di guardarla ancora e deliberatamente lasciò scorrere lo sguardo sui passeggeri.

Malgrado le intenzioni, il pensiero appena abbozzato prese piede e si insediò tormentoso nella sua testa. Eppure l'ho già vista. Dove? Che assurdità, da nessuna parte. È un gioiello insolito, sia per le dimensioni che per la fattura. È lontanissimo dai miei gusti. Perché ha qualcosa di familiare? Indosso a chi posso averlo visto? Quando? Strinse le labbra e abbassò le palpebre, infastidita dal lavoro di ricerca della memoria che procedeva a dispetto della sua volontà. Un inutile accanimento che non portava nessuna luce, una delle fissazioni da anziana – o da vecchia? – che l'affliggevano sempre più di frequente, contro le quali combatteva strenuamente ma invano.

Con la coda dell'occhio constatò che la donna aveva chinato la testa e ora si fissava le ginocchia, ammesso che riuscisse a vedersele sotto l'immane promontorio del seno e del ventre.

Ne approfittò per scrutarla in viso. Aveva la pelle olivastra, spessa e untuosa delle meridionali molto brune, i capelli corvini lisci erano tinti, si capiva dalle radici bianche sulla fronte, sulle tempie, alla scriminatura. La fronte bombata era segnata da rughe fitte; due fenditure verticali tra le sopracciglia davano alla faccia rotonda un'espressione corrucciata. Il naso breve e camuso era carnoso e un po' sghembo: proprio sopra la narice sinistra aveva un neo rilevato e irregolare con un ciuffetto di peli; un secondo, più grosso e più scuro, si affacciava sullo stesso lato del viso, nel solco che dalla radice del naso confluiva in una piega all'angolo della bocca. Una bocca grande, disfatta, scura con una sfumatura violacea.

È libanese, pensò Anita, e subito le venne da ridere. È romana de Roma, invece, romana verace, di Trastevere, una dei pochi superstiti. Quanti anni poteva avere? Settanta, o poco meno. La pinguedine non fa sembrare più vecchi, considerò. Al contrario. Il gonfiore di una fisionomia adiposa contiene residui dei tratti paffuti dell'infanzia. Poteva avere dieci anni più di lei, concluse.

A una energica frenata dell'autobus, il donnone si riscosse e si guardò intorno. Anita spostò gli occhi verso il fondo, dove una frotta di eritree era salita – oppure somale? etiopi? come si faceva a distinguerle? – alcune giovani, alcune di mezza età, avvolte nelle loro svolazzanti garze candide. La donna si era voltata a guardarle e la sua bocca si era torta in una smorfia di disappunto. La percentuale di extracomunitari nell'autobus si era impennata di colpo, il giovedì pomeriggio le domestiche hanno libera uscita. Le donne avviluppate nelle fute bianche facevano ressa intorno alla macchinetta per annullare i biglietti, ridevano, si aggrappavano l'una all'altra per tenersi in equilibrio, squittivano tutte insieme nella loro lingua dai toni acuti, metallici: sembravano un branco di uccelli marini che lanciano strida di richiamo. No, no davvero, quei suoni taglienti, penetranti, evocavano piuttosto altopiani brulli e assolati, percorsi dal volo di rapaci in cerca di preda e da un vento teso e senza ostacoli che sollevava vortici di sabbia rossa. Immagini televisive convenzionali, lei laggiù non c'era mai stata.

La donna obesa sembrava infastidita da quel chiasso. E quando alcune si erano aggrappate agli schienali dei sedili, aveva voltato la faccia verso il finestrino con un brusco scatto di insofferenza. Alle narici di Anita era arrivato un intenso profumo di patchouli. Anche loro hanno facce stanche, scavate, consumate dalla fatica o forse dalla nostalgia per la loro terra. Come faranno ad adattarsi al freddo dell'inverno, al frastuono e alla confusione della città, ai palazzi di sei piani e agli ascensori, ai bambini pretenziosi e viziati di cui si prendono cura. Ma sono garrule e festose, a quanto pare, almeno il giovedì, quando si ritrovano tutte insieme e parlano la loro lingua.

Tornò a osservare la donna, attratta dal bagliore della croce al suo collo. I nei sul suo viso ora erano illuminati dalla luce cruda del pomeriggio: somigliavano a capezzoli brunastri, grotteschi, cresciuti nel luogo sbagliato. Oppure alle more, le more settembrine prosciugate dalla calura dell'estate, appassite e opache. Il tempo spreme il succo dai corpi, ricama grinze, rughe, pieghe, macchie, protuberanze, una perversa geografia della vecchiaia che anche lei riconosceva sul suo. I nei sul viso della donna, al tempo della giovinezza, dovevano essere stati un grazioso ornamento, ma ora si erano trasformati nei segni degeneri della senescenza.

Da ragazza come era stata? È difficile ricostruire i tratti dell'età giovane: lo sguardo scalpella via l'eccesso, il gonfiore della carne disfatta, arrotonda, smussa, riduce, ridisegna, ma è un vano lavoro di bulino: l'immagine dell'oggi sbaraglia ogni ipotesi su quella del passato. A meno che... a meno che quella del passato non sia nota.

Anita ebbe un tuffo al cuore. Quella donna lei non l'aveva mai conosciuta, ne era certa. Tutt'al più poteva aver visto di sfuggita la croce che portava al collo. O una simile. Per quanto singolare fosse, poteva non essere unica. Ma un viso lo è. Anita si agitò sul sedile, tentando di scacciare, inutilmente, l'idea molesta.

E se invece la conoscessi davvero? E semplicemente non riuscissi a collocarla? Per ricordare chi è, bisognerebbe situarla nel contesto giusto. Dove? Una strada, un negozio, una casa, un ufficio? E nell'epoca giusta. Quando? Vent'anni fa o quaranta? D'estate o d'inverno? Insieme a chi? Si erano parlate? Oppure si erano viste solo a distanza? Qualcuno le aveva presentate l'una all'altra? Che cosa potrebbero essersi dette, se mai? Sarebbe utile sentire la sua voce. Come sarà? Se l'immaginava fonda, rauca, rimbombante, come se la gran mole di adipe fosse vuota, una caverna in cui i suoni rimbalzano da una parete all'altra. Avrebbe potuto indurla a parlare, rivolgerle la parola con un pretesto qualsiasi. Che sciocchezza, anche la voce cambia nel tempo, come il corpo, perde limpidezza, si ispessisce, come la pelle. Anita provò un'accresciuta, rinnovata irritazione contro se stessa per quello sperpero dell'immaginazione, per le vane elucubrazioni su una perfetta sconosciuta che, per puro caso, si era seduta di fronte a lei, una fissazione insensata, spiacevole, da cui avrebbe dovuto difendersi. Si raddrizzò sul sedile, ribellandosi al sospiro di scontentezza di sé che le era sfuggito: aveva di meglio da fare che occuparsi della grassona, della sua croce di falsi brillanti e falsi rubini – o erano granate? – dei suoi nei indisciplinati cresciuti sulla faccia bolsa. Le eritree che chiacchieravano e ridevano senza posa, avvinghiate le une alle altre, erano di gran lunga più interessanti di lei. Avevano visi cesellati di antiche terrecotte, aggraziati crani dolicocefali fitti di treccioline, denti di un bianco abbagliante, occhi nerissimi, liquidi e umbratili come quelli delle gazzelle. Che banalità, non aveva mai fissato negli occhi una gazzella in vita sua. "Occhi di gazzella", "gambe di gazzella"... modi di dire consumati dall'uso.

Anche delle sue gambe era stato detto, quando aveva sedici anni ed era al suo primo impiego, imbambolata fino alla demenza, a differenza delle adolescenti di oggi. Il commendatore gliel'aveva detto, e ancora ricordava com'era avvampata per l'imbarazzo e lo sconcerto. Peggio, come era stata travolta dal panico e come s'era sentita stupida per quella reazione irragionevole. Che invece s'era rivelata più che ragionevole. Scosse la testa, ancora turbata al pensiero della monumentale ingenuità della propria adolescenza, che era stata brutalmente ridotta in pezzi nello spazio di pochi giorni. Delitto impunito di lesa innocenza.

Sospirò. E in quell'istante, di colpo, la riconobbe. Trasalì e si voltò di scatto verso la vecchia donna, conficcandole gli occhi in faccia. Era lei, non c'erano dubbi, ora si stupiva di non averla riconosciuta alla prima occhiata. I tratti del viso erano quelli inconfondibili della sua razza. Già allora tendeva alla pinguedine. La croce era la stessa che ostentava a quel tempo: ostentare era la parola giusta, aveva i suoi buoni motivi per esibire quel distintivo di appartenenza.

Il cuore aveva preso a batterle all'impazzata. Respirò a fondo per calmarsi. Doveva impedirsi di fare alcunché prima di riflettere. Si irrigidì al suo posto, si sforzò di assumere un'espressione placida, fissò lo sguardo nel vuoto, si impose di non guardare in faccia la donna, per quanto le paresse improbabile che a sua volta la potesse riconoscere. E poi lei non aveva nulla da temere, a differenza dell'altra. Un sudorino freddo le imperlava la fronte, il cuoio capelluto le prudeva. La sua fermata era prossima. Decise che non sarebbe scesa. L'autobus proseguì verso la periferia.

Quando la donna, laboriosamente, si districò dal suo posto e traballando sulle grosse gambe si avviò verso l'uscita, Anita aspettò che la portiera dell'autobus si spalancasse, poi si alzò d'impeto e scese dietro di lei.

Che cosa, si era chiesta Anita quando tutto s'era ormai concluso e le tessere del mosaico, inserite ognuna al suo posto, avevano rivelato un disegno compiuto, che cosa mai avrebbe dovuto metterla in allarme fin da quel primo giorno?

Era un ufficio di tre stanze al quarto piano di via del Tritone, arredato con sobria eleganza. Nello studio del commendatore, contro una parete, c'era un ampio divano dello stesso cuoio color tabacco biondo delle due poltrone dirimpetto alla scrivania dal piano di cristallo. Su un tavolino basso scintillava un vassoio d'argento con bicchieri e bottiglie di liquore. Le morbide poltrone avevano esalato uno sbuffo simile a un sospiro quando lei e sua madre vi si erano sedute con circospezione. Era riuscita a intravvedere, di sbieco, il ritratto di una donna in una cornice d'argento.

Lo studio comunicava con la stanza che sarebbe stata la sua: la colpì un'antiquata, monumentale macchina da scrivere Underwood. Una seconda porta si apriva sull'ingresso, di fronte a quella dell'archivio sui cui scaffali erano allineati dei classificatori dal dorso grigio.

Forse avrebbe dovuto trovare strano, o almeno inconsueto, che l'ufficio fosse tanto silenzioso e deserto: il telefono non aveva mai squillato, nessuno aveva suonato alla porta, il commendatore era solo e lei, non c'erano dubbi, sarebbe stata l'unica impiegata. Una ragazzina al primo impiego, appena diplomata, un corso di stenodattilografia concluso di recente a pieni voti, inesperta ma piena di buona volontà e di voglia di imparare, onesta e fidata, così si era infelicemente espressa sua madre, con suo iroso disappunto, e aveva aggiunto, come se non bastasse, che la famiglia aveva assolutamente bisogno del guadagno della figliola, la vita è sempre più cara e difficile, non si sa come far fronte alle necessità quotidiane. Un piagnisteo privo di dignità che l'aveva fatta arrossire per la vergogna.

Avrebbero forse dovuto allarmarla i modi eccessivamente cordiali del commendatore, la teatralità dei suoi gesti e delle sue parole, il suo smagliante, seduttivo sorriso, la modulata sonorità della bella voce? Oppure le occhiate intermittenti, rapide e penetranti degli occhi scuri che perlustravano la sua persona? O quel gesto ripetuto di lisciarsi i folti baffi brizzolati con due dita, un gesto che gli stirava la bocca e scopriva i canini da carnivoro? Un felino che si leccava i baffi, le era sembrato. Ben altra esperienza che la sua, di allora, sarebbe stata necessaria per cogliere nelle maniere di lui l'esibizione di una benevolenza calcolata, artificiosa, tesa a catturare la loro fiducia. Di più, la loro fedeltà incondizionata a priori.

Sua madre – aveva preteso di accompagnarla quella prima volta, nonostante lei schiumasse di rabbia per quell'offensiva tutela – nemmeno lei era stata capace di cogliere l'atipicità del luogo e della persona, di chiedersi quale attività esercitasse, di insospettirsi di quel fare paterno e melliflua, di diffidare della venatura di disprezzo e di arroganza nella voce di lui e di risentirsene, di interpretare le sue occhiate. O invece qualcosa aveva intuito – benché in seguito lo avesse negato – e la sua ansia si era accesa se, con le esitazioni e gli imbarazzi della sua goffa timidezza – o forse del timore di mettere a rischio la provvidenziale assunzione – era arrivata a balbettare le sue preoccupazioni per la figliola appena sedicenne. Per la seconda volta Anita s'era vergognata di sua madre – lei sapeva benissimo cavarsela da sola – e impermalita della sua tutela come per un'ingiuria.

Il commendator Arpino invece era apparso toccato, persino commosso dalle ansie di una madre, aveva teso le braccia in un gesto impetuoso, appena appena smodato, le aveva afferrato i gomiti e piegando l'alta, elegante figura su di lei come a far proprie le sue legittime inquietudini, aveva proclamato in tono enfatico che lì, nel suo ufficio, sua figlia sarebbe stata sicura e protetta come in una chiesa. E quasi una chiesa non gli sembrasse sufficiente a garantire l'inviolabilità di una giovinetta, dopo una breve e concentrata pausa aveva precisato: "Anzi, come in un tabernacolo, cara signora, come in un tabernacolo!". Che formidabile intuito, che astuzia vòlpina. Dimostrando la sua dimestichezza con una chiesa fino al punto di nominarne l'intoccabile, sacro centro, aveva sgominato in un colpo solo le residue diffidenze di sua madre, così ciecamente religiosa e sprovveduta al punto di credere alle parole di chiunque.

Anita s'era sentita soggiogata, quel primo giorno, dalla perfetta eleganza dell'uomo. Scopriva, con infantile, ammirato stupore, quali raffinate abitudini si coltivassero altrove che nel suo ambiente, quale cura si dedicasse alla propria persona. Aveva notato, colpita, la riga a piombo dei suoi pantaloni di grisaglia, l'immacolata camicia di seta, l'orologio d'oro massiccio che spuntava dal polsino, la spilla di brillanti appuntata sulla cravatta, lo scricchiolio delle lucidissime scarpe sul parquet, l'intensa fragranza di bergamotto che spandeva intorno. E, da ultimo, la delicata sfumatura violetta delle guance perfettamente rasate, là dove la barba cresceva più fitta.

Solo quando, alla fine, aveva allineato in bell'ordine tutte le sue scoperte, era rimasta folgorata nel momento in cui aveva tardivamente intuito che, in un certo verso, anche l'inserzione sul "Messaggero" cui aveva risposto conteneva un calcolo premeditato: era anomala, infatti, perché richiedeva una "stenodattilo primo impiego" e, contro ogni logica, offriva un ottimo stipendio. La logica era d'altra natura: una principiante avrebbe tenuto la bocca ben chiusa pur di non perdere l'ottimo stipendio.

È anomala, ma anch'essa abilmente calcolata, era stata la subitanea metamorfosi del commendatore: aveva preteso che si trattenesse in ufficio quello stesso primo giorno e non si era più rivolto a lei chiamandola signorina (come ne era stata sciocamente lusingata, nessuno sembrava riconoscere che non era più una bambina) ma, sbadatamente, era passato al tu. La mancanza di considerazione che quell'eccessiva familiarità sottintendeva, sminuendo l'idea di se stessa che s'era appena fatta con la conquista del suo primo impiego, l'aveva subito resa più fragile e ancora più bisognosa di benevolenza e approvazione. La disposizione d'animo appropriata perché, dubitando del proprio ruolo e del proprio valore, arrivasse ad accettare qualsiasi cosa.

Tuttavia, conservava a sua stessa insaputa un nocciolo di cocciuta resistenza contro la demolizione deliberata del senso di sé, se la richiesta del commendatore di preparargli il caffè ogni mattina al suo arrivo, l'aveva tanto sbalestrata e offesa. Quel compito servile non aveva niente a che fare con il lavoro d'ufficio per il quale era stata assunta. Come trovare il coraggio per dirglielo? Si era piegata malvolentieri, umiliata, alla sua richiesta. I complimenti di lui, mentre aspettava impalata accanto alla scrivania che sorbisse il caffè – complimenti per il profumo, il sapore, la perfetta temperatura, la giusta dose dello zucchero, di cui le pareva di non avere alcun merito – suonavano derisori e l'avevano dapprima ferita, ma via via che i giorni passavano, appagata come l'unico riconoscimento alla sola competenza che le era concesso dimostrare. "*O' café* è un'arte che solo noi meridionali teniamo nel sangue," aveva detto. "Ma tu non sei male, piccola."

Era stato proprio a proposito del caffè che il commendatore aveva nominato per la prima volta la signorina Elsa. Anche lei lo faceva benissimo. In seguito l'aveva nominata spesso, come se cogliesse ogni pretesto per rievocarla e dare voce a un rimpianto che non sembrava essersi ancora placato. Ne vantava la riservatezza, l'educazione, la precisione, la competenza, la disponibilità, l'ordine scrupoloso con cui aveva tenuto ogni cosa. Era chiaro che intendeva spingerla a emularla. Provava dispetto verso colei che l'aveva preceduta in quell'ufficio, insieme all'avvilente certezza di non arrivare mai a uguagliarla.

La signorina Elsa era fidatissima, si poteva contare ciecamente su di lei. La signorina Elsa non badava all'orario, se c'era bisogno, la sera si tratteneva fino a tardi. La signorina Elsa era come una di famiglia, non aveva avuto segreti per lei. La signorina Elsa era sempre stata molto gentile con lui e lui le aveva dimostrato la sua riconoscenza. Sapeva essere molto generoso, lo tenesse bene in mente. E mentre lo diceva, insinuava, assorto, la punta affilata di un tagliacarte nell'angolo di una busta e indugiava in quel gesto più del necessario, quasi vi attribuisse un significato che lei avrebbe dovuto cogliere e che invece le sfuggiva. Provava un turbamento inspiegabile. Infine, con eccessiva, sospesa lentezza, aveva tagliato la busta e, senza alzare gli occhi, aveva aggiunto, in tono molto dolce: "Se anche tu sarai gentile con me, non avrai da pentirtene, saprò dimostrare anche a te la mia riconoscenza". Anita s'era ritratta, disorientata: voleva dire che non era gentile quanto avrebbe dovuto? Se la timidezza non l'avesse ammutolita, avrebbe voluto replicare: "Ma io sono già gentile con lei, che altro dovrei fare?".

Provava un vago allarme di cui inutilmente tentava di decifrare le ragioni. Le sembrava di muoversi in un territorio infido, sparso di invisibili trabocchetti. Avvertiva la differenza tra il linguaggio di lui, allusivo, sfumato, ambiguo, e la schiettezza del proprio, privo di sottigliezze e accortezze, come una prova della sua inadeguatezza. La signorina Elsa doveva essere stata tanto più sagace, avveduta e abile di lei.

Sentiva la sua presenza nelle stanze, come se ancora si aggirasse quieta, lieve e aggraziata tra lo studio del commendatore, il suo ufficio e l'archivio. Rintracciava i segni del suo passaggio ovunque: nel vasetto di ceramica azzurra, sul suo tavolo, doveva tenerci i fiori freschi e cambiarne l'acqua ogni mattina; in un romanzo rosa con il suo nome tracciato sulla prima pagina, nascosto sotto una pila di carte in un cassetto; nella sua scrittura minuta e acuminata sulla rubrica telefonica, sui libri contabili, nell'archivio, sul dorso dei classificatori della corrispondenza. In un cassetto del bagno aveva scovato un vecchio rossetto color ciclamino, sulle sue labbra stonava, un astuccio di cipria rosata dal tenue profumo di mughetto, un piumino sciupato dall'uso e una matita nera per le sopracciglia.

Che perdita era stata, quando si era sposata e trasferita al nord. Una gran perdita. Nessuna sarebbe mai stata brava come lei. Non la guardava in faccia, mentre lo diceva, sembrava intento a scorrere i listini di borsa di un giornale finanziario. Lui le aveva trovato il marito adatto, al momento opportuno, un gran brav'uomo con un lavoro sicuro. Intendiamoci, lei era piena di corteggiatori, era così fine, così carina, non avrebbe avuto nessuna difficoltà ad accasarsi. Ma quello era l'uomo giusto per lei. Sopra pensiero, si era tolto lentamente gli occhiali dal naso, aveva squadrato Anita da capo a piedi e le aveva chiesto a bruciapelo: "Ma tu un bel vestito, un paio di scarpe, una borsetta nuova, non te li compri mai?". Lei s'era imporporata di vergogna per le sue scarpe stinte e sformate, il golfino logorato dall'uso, la gonna sciupata, e istintivamente aveva incrociato le braccia sul ventre.

Senza nesso apparente, aveva aggiunto in tono casuale che Elsa s'era ben meritata la dote che lui le aveva assegnato: era di famiglia molto perbene, ma modesta. S'era ben meritata il viaggio di nozze a Venezia che lui le aveva offerto, e di nuovo s'era tolto gli occhiali, l'aveva esaminata con sguardo critico e aveva mormorato: "Vedremo, vedremo...". E dopo una pausa assorta in cui aveva di nuovo inforcato le lenti, ma fissava il vuoto davanti a sé, le aveva chiesto, con voce improvvisamente addolcita: "Tu sarai gentile con me, non è vero?". Anita, in preda alla confusione, aveva fatto un passo indietro, aveva nascosto le braccia dietro la schiena e aveva annuito.

Nell'ufficio c'era pochissimo da fare e non veniva mai nessuno. Le telefonate erano rare. Provava un senso mortificante di inutilità. Trascorreva in solitudine ore interminabili, in preda alla noia, in attesa che il commendatore arrivasse verso la fine della mattinata. Alla fine del mese, quando le aveva allungato in una busta il primo stipendio, era arrossita d'imbarazzo e aveva esitato a tendere la mano. Non meritava quei soldi, non aveva fatto nulla, pensava. Sua madre aveva preso la busta intatta senza una sola parola. Si sentiva sempre più sola, confusa e incerta, come se procedesse a tentoni nel buio.

Il commendatore non mancava mai di telefonarle la mattina dopo le nove, per informarsi se ci fossero novità.

No, non c'erano novità, non succedeva mai niente. Dopo i primi tempi, la sua voce al telefono prendeva talvolta un tono intimo, insinuante, in stupefacente contrasto con le parole del tutto convenzionali. In seguito, con una progressione quasi impercettibile, era arrivato a sussurrarle domande fuori luogo che le procuravano un allarmato disagio: le chiedeva se era andata a letto presto, se aveva dormito bene, se aveva fatto bei sogni o brutti sogni e poiché Anita, turbata, ammutoliva, la voce di lui si faceva ancora più carezzevole e insistente: "Un giorno me lo racconterai, vero, quello che sogni nel tuo lettino?".

Sentiva un vuoto improvviso nella testa e il panico le stringeva lo stomaco: non le riusciva di trovare niente di meglio da replicare, con la voce strozzata, che lei non sognava mai, ma proprio mai. Restava lì inerte, ancora con l'eco del batticuore nelle orecchie, mentre le salivano alle labbra le risposte taglienti che avrebbe potuto opporgli per rimetterlo al suo posto, pronunciate con l'intonazione giusta, gelida e sdegnata insieme. Lo sconforto l'assaliva nel momento in cui capiva che non sarebbe mai stata capace di farlo. Angustiata, sussultando a ogni rumore dell'ascensore, restava in attesa che lui arrivasse e nel terrore che riprendesse quei discorsi. Ma quando entrava era un altro, brusco, freddo, irritabile. Si sentiva sollevata, ma quei salti d'umore la disorientavano e la rendevano ancora più insicura.

Giungevano rare telefonate. Di là dalla porta chiusa arrivavano le recite istrioniche del commendatore: "eccellenza", "ragioniere carissimo", "egregio cavaliere", "dottore eccellentissimo". E poi una mitraglia di esclamazioni enfatiche, di proclami di amicizia, fedeltà, riguardo, rispetto, di promesse di riconoscenza e proteste di gratitudine perpetua, destinate a lusingare, blandire, accarezzare l'interlocutore. Ma chi erano costoro? Che rapporti aveva con loro? In un primo tempo Anita non era riuscita a capire di che cosa lui si occupasse; poi aveva preso a dettarle rare e scarne lettere indirizzate ai ministeri della Difesa, della Marina, dell'Aeronautica, in cui offriva articoli militari: divise estive e invernali, da parata e da campo, scarponi, cinturoni, spalline, mostrine, cordelline in filo di seta e oro, blu, rosse, gialle e infine armi leggere di tutti i tipi. Fungeva da intermediario: le sfuggiva la necessità di una simile figura, ma poiché esisteva, arrivò a intuire, con un momentaneo sprazzo di fierezza per la propria perspicacia, che gli interlocutori telefonici per i quali il commendatore prodigava tanta seduttiva eloquenza fossero anch'essi tutt'altro che disinteressati. Era là, nei ministeri, con funzionari il cui grado andava dal ragioniere all'eccellenza, che passava le mattinate a trafficare. Era ai loro nomi, che la signorina Elsa aveva annotato in ordine alfabetico in un'apposita rubrica, cui venivano inviate a Natale cassette di vini e liquori di gran marca, in quantità e qualità proporzionate al livello di ognuno. Anita batteva puntigliosamente a macchina le brevi, aride lettere che il commendatore le dettava e gliele portava a firmare.

La fotografia nella cornice d'argento sulla scrivania era della moglie, una donna bionda dai capelli ondulati, gli occhi chiari, forse azzurri, forse verdi, la bocca affilata. "La mia signora è tedesca," aveva detto il commendatore, quando aveva colto lo sguardo di Anita sul ritratto. E al termine di una lunga telefonata a un ignoto cavaliere amabilissimo, "egregio dottore", "amico carissimo", conclusa da melodiosi arpeggi della bella voce virile – "sempre a sua disposizione, sempre ai suoi comandi, sempre al suo servizio, può contare su di me" – da oscure allusioni e perifrasi e da un congedo interminabile di proteste di stima, fedeltà, amicizia, il commendatore aveva sbattuto con furia il ricevitore sulla forcella e aveva urlato, fuori di sé: "Cialtroni, pezzenti, finocchi! Fetenti, mariuoli! I tedeschi vi ci volevano per raddrizzarvi la schiena!". Aveva spalancato la porta di comunicazione con la stanza di Anita, aggravando lo spavento che la teneva inchiodata alla sedia e aveva gridato: "Scrivi!". E mentre lei, atterrita, infilava con mani tremanti un foglio nel rullo della macchina, aveva continuato a inveire: "Siamo un popolo di ladri, imbroglioni, furbastri da quattro soldi, altro che poeti, santi e navigatori! Un popolo di accattoni morti di fame! I tedeschi si meritavano di vincere la guerra, loro sì sono un grande popolo, almeno vent'anni avrebbero dovuto occuparci per far funzionare *chisto cesso 'e paese, chisto paese e'mmerda*!".

Anita s'era rattrappita sulla sedia, sconvolta da quel linguaggio belluino. Di colpo, la collera di lui s'era placata e in tono contrito, con una vibrazione di tenerezza nella voce che l'aveva ancor più atterrita, s'era chinato alle sue spalle e aveva sussurrato: "Ti chiedo scusa, piccola, che ne puoi sapere, tu, sei ancora una bambina con il latte sulla bocca..." e le aveva allungato una carezza sui capelli.

Solo più tardi, quando lo spavento s'era placato, Anita s'era adirata con se stessa per l'occasione mancata di farsi valere. Perché non era stata capace di rispondergli: "E le torture di via Tasso, allora? gli eccidi, le Fosse Ardeatine? i milioni di ebrei deportati e uccisi dai tedeschi nei campi di concentramento?". Provava un'accesa indignazione per le parole di lui e insieme un senso di fallimento per la propria incapacità a esprimerla.

Un mistero sembrava circondare la moglie del commendatore. Non telefonava mai, né lui la chiamava, né tanto meno s'era vista in ufficio. Anita si chiedeva dove fosse, senza riuscire a darsi una risposta. Sul principio aveva creduto che vivesse in Germania, e da lì un giorno o l'altro sarebbe tornata. La curiosità la pungeva, la teneva all'erta, tesa ad afferrare allusioni e indizi; una sola volta il commendatore aveva pronunciato una frase singolare, che l'aveva sbalordita: "La mia signora è una santa". Lì per lì non aveva saputo attribuirvi alcun significato. A furia di almanaccare, s'era poi convinta che quelle parole sibilline volessero significare che era morta. In stato di santità, presumeva.

Quella prima scoperta – la prima di una serie – l'esaltò: accingendosi a strappare dal tampone, come ogni mattina, la carta assorbente sporca d'inchiostro per lasciare pronta all'uso quella immacolata sottostante, notò alcune righe ben allineate, nitide e leggibili. In preda a una grande eccitazione, si precipitò allo specchio del bagno e lì, raddrizzandosi, le lettere rovesciate avevano squarciato di colpo il mistero. C'era un indirizzo, sulla carta assorbente: Christine Arpino, Carcere di Regina Coeli, via della Lungara, Roma.

Trasecolata per la rivelazione, elettrizzata dalla propria abilità di segugio, Anita lesse e rilesse l'indirizzo nello specchio. Poi si impose di calmarsi, sedette e rifletté.

La moglie del commendatore era tedesca e stava in prigione. Quale delitto poteva aver commesso una tedesca, cittadina italiana per matrimonio, per scontare una pena carceraria nel 1950? Un omicidio, pensò con un brivido. Sarebbe stato utile sapere da quanto tempo era in carcere e quando ne sarebbe uscita. Oppure spionaggio, furto, rapina?

Balzò in piedi, folgorata. Se il commendatore era filotedesco, come i suoi discorsi ben dimostravano, si poteva ragionevolmente supporre che la moglie lo fosse altrettanto. O molto di più, considerata la sua nazionalità. Collaborazionismo, di questo doveva trattarsi. Dunque era piombata in un covo di nazisti. Quell'ufficio banale e qualunque, durante la guerra, poteva essere stato il centro di loschi traffici. Si guardava intorno con occhi nuovi e tutto le sembrava torvo e cupo. Il cuore le rombava nelle orecchie. Intendeva arrivare fino in fondo, scoprire ciò che si nascondeva in quelle stanze.

Con il fiato corto per l'emozione, frugò nei cassetti della scrivania del commendatore e della propria, negli scaffali, sfogliò i raccoglitori della corrispondenza. Nulla, non c'era assolutamente nulla che si riferisse in alcun modo alla moglie. Del resto era sciocco aver pensato che proprio lì, nell'ufficio, potessero esservi le tracce di un'attività delittuosa che si era certamente svolta altrove. Non aveva le idee chiare sul collaborazionismo. Da bambina, durante la guerra, aveva ascoltato racconti sulle efferatezze compiute dall'esercito di occupazione, ma anche di atrocità ugualmente compiute dai fascisti e di regolamenti di conti alla fine della guerra. Molti erano spariti dalla circolazione, era stata fatta giustizia sommaria di alcuni, orribilmente uccisi a furor di popolo. Per molti altri si erano svolti regolari processi per collaborazionismo ed erano finiti in carcere: ma di quali delitti si fossero macchiati, non sapeva immaginare. Gli stessi della signora Arpino? Delazioni, torture, che altro?

Delusa e infuriata per la ricerca infruttuosa, Anita aveva sbatacchiato la cartella di cuoio posata sulla scrivania del commendatore accanto al ritratto della moglie, per un accesso d'odio contro quella faccia crudele, da assassina. Finché il lembo di un foglio era scivolato dalla fodera che formava una specie di doppio fondo. Riconobbe alla prima occhiata la scrittura minuta e appuntita della signorina Elsa. Lesse, imporporandosi fino alle orecchie: amore mio, cominciava la lettera, e il seguito traboccava di passione e di rimpianto per quelli che definiva gli anni più felici della sua vita, parlava di amore eterno e assoluto, di ricordo incancellabile dei dolci momenti trascorsi insieme, un assemblaggio di frasi sdolcinate e qua e là sgrammaticate. "Ti amo, ti amo, ti amo." Con queste parole sottolineate due volte si concludeva la lettera, priva della firma.

Respirò a fondo, per calmarsi. Dunque, le cose stavano così. Era tramortita dalla doppia scoperta: tuttavia, la seconda era meno sconvolgente della prima, ora le pareva di aver sempre saputo. La data della lettera risaliva a pochi mesi prima che lei venisse assunta, presumibilmente al momento in cui Elsa aveva lasciato l'ufficio per sposarsi. Improvvisamente le parole del commendatore – "Tu sarai gentile con me, vero?" – assumevano un significato esplicito: Elsa era stata gentile con il padrone, così era. "Ti amo, ti amo, ti amo." E lui era stato molto generoso con lei. Restò per un pezzo immobile, la vista annebbiata, la testa confusa e indolenzita. Mentre riponeva la lettera nella fodera della cartella dove l'aveva trovata, urtò con le unghie in un cartoncino rigido. Era la fotografia di una ragazza bionda dal viso delicato e dal sorriso dolce e malinconico.

Faticò molto, nei giorni seguenti, a tenere a bada la

paura che l'attanagliava insieme al tumulto di congetture in cui le pareva di smarrirsi. Stava in guardia, a una certa distanza da lui, sussultando e ritraendosi a ogni suo movimento. Ma non cessava di origliare, spiare, rovistare per scoprire quanto ancora le era ignoto. Si difendeva dalla tentazione di confidarsi con sua madre. Quella era un'avventura tutta sua e da sola ne sarebbe venuta a capo. Da sua madre non poteva giungerle alcun aiuto, era più ingenua e citrulla di lei. Di tanto in tanto, quando si rendeva conto all'improvviso, in una sorta di diapason della percezione, del significato e delle implicazioni delle sue scoperte, trasaliva e la coglieva un riso convulso molto vicino al pianto. Risentiva la derisione, il dileggio nelle parole del commendatore: "Come in un tabernacolo, signora, come in un tabernacolo!".

Gli avvenimenti, nei giorni successivi, si erano accavallati in modo precipitoso. La signorina Elsa aveva suonato alla porta verso la fine della mattinata di un venerdì, poco dopo che Anita era rientrata dalla banca dove il commendatore l'aveva spedita a ritirare una grossa somma. Aveva ripiegato le banconote e le aveva infilate in una busta che aveva posato ben in vista sulla scrivania, proprio accanto alla fotografia della moglie.

Anita se l'era trovata di fronte inaspettata e la sorpresa l'aveva sbalordita. Era ancora più graziosa che nella fotografia, piccola e ben proporzionata, la carnagione luminosa, gli occhi dell'azzurro delle pervinche. Il sorriso le modellava due fossette sulle guance. Il commendatore le era venuto incontro a braccia spalancate, con un'espressione radiosa che Anita non gli aveva mai visto. Di là dalla porta dello studio che s'erano chiusi alle spalle, le giungevano le loro voci animate, vibranti, percorse da accessi di gioia, da soprassalti di eccitazione, da scoppi di risa, spezzate di tanto in tanto da brevi, inspiegabili silenzi. L'emozione le mozzava il respiro.

Ascoltava, tesa e contratta, fissando la porta chiusa, ma il rombo del sangue nelle orecchie copriva le loro parole. Che cosa si dicevano? "Amore mio, ti amo, ti amo... Amore mio..." era questo? Dalle reni le saliva al petto, alla gola, un languore che la privava di ogni forza. "Amore mio, amore mio..." Le voci ora giungevano smorzate, appena un mormorio indistinto, interrotto da pause che le sembravano lunghissime. Infine, un interminabile, intollerabile silenzio. Che cosa facevano? Il turbamento s'era mutato in una sorta di angustia senza nome e senza ragione, molto simile alla paura, che le comprimeva le costole fino a impedirle di respirare. Prese a rosicchiarsi furiosamente le unghie. Il silenzio si prolungava, la tensione s'era fatta spasmodica. Di là dalla porta chiusa giunse uno scalpiccio seguito da tonfi e cigolii. Il divano! pensò, e un brivido le guizzò per la schiena. Premette le mani a pugno sulle orecchie, ma non resistette a lungo. Si sentiva rosa dalla voglia di sapere e al tempo stesso atterrita da ciò che avrebbe potuto scoprire. E insieme ricacciata in una condizione infantile, di minorità, esclusa dalla condivisione dei segreti degli adulti, relegata in un angolo dove nulla poteva accadere. Provava una sorda infelicità e invidia verso il mondo intero. Gli altri, tutti gli altri, vivevano, amavano, desideravano. Lei sola vegetava, ai margini, osservandoli, e nulla mai succedeva.

Sobbalzò. Aveva udito dei gemiti fievoli, simili al pianto di un bambino. Spaventata, fissò la porta chiusa: di che cosa si trattava? Non potevano venire di là, forse provenivano dalla finestra spalancata, poteva essere il miagolio di un gatto. Tese le orecchie. I gemiti si ripeterono, più forti. Qualcuno si lamentava. La fronte le si imperlò di sudore. Attese, respirando appena. Ora tutto taceva. Sospirò, scorata, le veniva da piangere e non sapeva perché. "Amore mio, amore mio... ti amo, ti amo, ti amo... amore mio..." Si morse forte un labbro e chiuse gli occhi, infelice.

Quando la tensione che le azzannava lo stomaco e le indolenziva il petto s'era fatta insostenibile e Anita, esausta, aveva appoggiato la fronte al piano della scrivania, un improvviso tramestio seguito da un mormorio sommesso e da risatine soffocate l'avevano fatta rizzare di scatto. Ma era subito tornato il silenzio, il silenzio che la turbava più di qualsiasi voce o suono. Infine le voci di là avevano ripreso il tono di una conversazione, aveva udito rumori di sedie spostate, di cassetti aperti e richiusi, di passi. Respirò di sollievo. Capì che la signorina Elsa – la signora Elsa – si stava congedando e balzò in piedi, passandosi le mani sulle guance bollenti. Uscì per prima dallo studio. Anita si precipitò all'entrata. Elsa stava riponendo nella borsa la busta rigonfia dei soldi prelevati in banca. Aveva i capelli un po' scomposti, la gonna plissé gualcita, la riga delle calze storta, le gote arrossate e gli occhi brillanti. Con due dita, delicatamente, si ravviava le ciocche in disordine. Il commendatore, sorridente e compiaciuto, si accarezzava i baffi. Nessuno dei due sembrò accorgersi della sua presenza.

Il campanello aveva trillato, era stata Elsa stessa ad aprire la porta. Entrò un uomo alto e grosso, un po' calvo, dalla banale faccia bonaria. Elsa gli dedicò un sorriso devoto e un bacio su una guancia, il commendatore gli strinse a lungo una mano tra le sue, gliela scosse più volte, con energia, mentre ripeteva in tono ilare e festoso: "Congratulazioni, congratulazioni, ce l'abbiamo fatta, eh? Bravo, bravo... Siamo proprio stati bravi... quando uno ci si mette d'impegno, il risultato si vede...". Aveva un tono derisorio e volgare. Anita notò che Elsa gli aveva sorriso con complicità, mentre appoggiava una mano sul braccio del marito. Il commendatore gli raccomandò calorosamente di aver cura della mogliettina, era così cagionevole, delicata, ora aveva più che mai bisogno di cure, attenzioni, tranquillità, aria pura, cibo sano, lunghe passeggiate... I denti squadrati mandavano bagliori sotto i baffi ben curati, gli occhi bruni lampeggiavano sornioni mentre fissava il marito di Elsa e gli batteva sonore pacche su una spalla. "E bravo il papà, complimenti... una bella soddisfazione, no? E speriamo che sia maschio... Verrò, verrò al battesimo, contateci, ci tengo moltissimo a essere il compare. Nasce proprio fortunato, questo bambino" – e un'inconsueta euforia percorreva la bella voce sonora – "non gli faremo mancare niente... quando uno purtroppo non ne ha avuti di suoi, di figli... vorrà dire che avrà due padri!" concluse ridacchiando.

Prima di chiudere la porta alle loro spalle, aveva aggiunto: "Anche mia moglie verrà per il battesimo. Torna a casa tra pochi giorni, finalmente. E anche Fiamma, pardon, Maria, esce insieme a lei".

Il lunedì successivo aveva telefonato appena dopo le nove. Parlava sottovoce più del solito. "Bambina, sei andata a letto presto, ieri sera?" Anita sobbalzò e non rispose. "Pronto? Sei lì? Perché non mi rispondi? Dormi con il pigiamino, piccola, o con la camicina da notte?" I capelli le si erano rizzati sulla testa. Non aveva risposto. "Pronto? Piccola, sei ancora lì? Rispondimi dunque, non restare muta. Ti vergogni? Ma non c'è niente da vergognarsi. Allora, ti metti la camicina prima di andare a letto? Non me lo vuoi dire? Ma un giorno me lo dirai, vero? Me lo prometti? Ma parla, dunque. E cosa hai pensato prima di addormentarti? Cose belle o brutte? Hai pensato a qualcuno? A chi hai pensato? Insomma, parli o non parli? Hai perso la voce? Allora?" E poi, senza aspettare risposta, mentre Anita con gli occhi sbarrati e la bocca secca per lo spavento era restata impietrita, cambiando bruscamente tono aveva tagliato corto: "Ci vediamo più tardi," e aveva messo giù.

Invasa dal panico, priva di forze, era rimasta seduta alla scrivania, in attesa dell'arrivo di lui, trasalendo a ogni rumore che giungeva dall'esterno. Non le riusciva di formulare alcun pensiero coerente. "Che devo fare, che devo fare?" si chiedeva con disperazione.

Quando era arrivato, le era passato davanti senza una parola o uno sguardo, come se non la vedesse, s'era seduto alla scrivania, aveva sfogliato nervosamente il giornale, aveva sorbito accigliato il caffè e appoggiato sgarbatamente, con un colpo secco, la tazzina vuota sul piano di cristallo.

Di lì a poco, al telefono, una voce femminile dal forte accento tedesco aveva detto: "Sono la signora Arpino, per favore, signorina, mi passa mio marito?". Dunque era uscita dal carcere. Si sentì sollevata per il suo ritorno, quasi la sua presenza accanto al marito rappresentasse una difesa. È un'assassina, si disse scorata subito dopo, non doveva dimenticarlo.

Il martedì mattina era arrivata per prima. Anita notò che i suoi capelli biondi striati di grigio erano tagliati cortissimi. Lo sapeva: dopo la liberazione, le avevano rapate a zero, le collaborazioniste, lo avevano scritto tutti i giornali, le avevano picchiate, denudate, messe alla berlina, prima di consegnarle alla polizia. Ai processi erano state condannate a lunghe pene, otto, dieci anni. I capelli avrebbero avuto tutto il tempo di ricrescere, ovviamente, ma in carcere dovevano averglieli mantenuti corti. Per umiliarle, forse, o forse solo per i pidocchi.

Aveva il viso più affilato, segnato e appassito che nella fotografia e una cicatrice sulla tempia destra. Chissà, forse l'avevano torturata. Se lo meritava, non provava la minima compassione per lei. L'aveva osservata attentamente, mentre parlava a mitraglia seduta di fronte al marito, che le rispondeva a monosillabi: aveva modi bruschi, una voce imperiosa, tagliente. Allo scollo della sua camicetta si affacciava una pesante croce d'oro ornata di brillantini e di rubini. O forse erano granate? Dunque era religiosa. "La mia signora è una santa," aveva detto il commendatore. E se fosse stata condannata ingiustamente? Solo perché era tedesca? E invece fosse innocente? No, no, si ripeté, ostinata, è un'omicida.

Mezz'ora più tardi era arrivata una giovane e bella donna dalle forme opulente, accompagnata da un'altra più anziana, una beghina severa e segaligna vestita di scuro. Anita osservava strabiliata l'insolito affollamento dell'ufficio sempre deserto. Che cosa si stava preparando? Il commendatore appariva irrequieto, si puliva gli occhiali con un fazzoletto immacolato e si tormentava i baffi. Notò che le due donne sopravvenute portavano al collo un crocifisso semplice e disadorno ma di grandi dimensioni come quello della signora Arpino. La quale, non appena erano entrate nello studio, si era precipitata loro incontro e s'era prostrata di fronte alla più giovane, le aveva afferrato la mano e gliel'aveva baciata esclamando con enfasi: "Sorella Caterina, grazie di essere venuta, grazie, grazie!".

L'altra si schermiva, tentava senza risultato di svincolarsi dalla stretta e di rialzarla da terra. Anche il commendatore era balzato in piedi, aveva stretto tra le sue l'altra mano di sorella Caterina e se l'era portata alle labbra, in modo tutto diverso da quello della moglie, aveva notato Anita che, dalla soglia, contemplava trasecolata la scena.

In quel trambusto, la signora Arpino, sempre più esaltata, declamava a gran voce: "Sorella Caterina, tu mi hai mostrato la luce e la misericordia di Dio! Io ti porterò eterna gratitudine perché hai guarito la mia anima dal peccato!". S'era di nuovo chinata per baciarle la mano, l'altra però era riuscita a sottrargliela, aveva spalancato le braccia, l'aveva attirata a sé, stretta in un abbraccio e baciata sulle guance. Poi aveva alzato le braccia in un gesto ieratico, aveva puntato al soffitto gli occhi spiritati – Anita notò che erano verdi, oblunghi, molto belli – e quel gesto impetuoso aveva fatto esplodere il seno colmo sotto la stoffa leggera della camicetta.

"Non a me devi essere grata, sorella Christine," aveva esclamato invasata, "ma al Signore misericordioso che mi ha ispirato le parole che hanno toccato il tuo cuore e ti ha concesso la grazia divina. Io sono solo l'umile strumento della sua infinita bontà. Preghiamo, fratelli e sorelle" – e la sua voce squillante s'era alzata di tono – "rendiamo grazie al Signore e chiediamogli perdono dei nostri peccati!"

Tutti avevano giunto le mani sul petto e s'erano fatti il segno della croce. Anita, stupefatta per quel che accadeva, per il linguaggio enfatico, i gesti sacerdotali così bizzarri in quel luogo, con la coda dell'occhio aveva scorto il commendatore che chinava devotamente la testa e si segnava. "Come in chiesa, signora, sua figlia starà come in chiesa ..." Le venne da ridere.

Dunque, la moglie collaborazionista e probabilmente assassina, in prigione era stata convertita a opera di sorella Caterina. Ma chi diavolo era costei, si chiedeva Anita, fremente. Dalla deferenza che tutti le dimostravano – la beghina era rimasta sempre alle sue spalle, a un passo di distanza, muta, con lo sguardo adorante dei seguaci fisso su di lei – si poteva dedurre che fosse il capo di una setta religiosa. Ma che cosa era venuta a fare lì, quali erano i legami con il commendatore? "La mia signora è una santa..." Avrebbe aguzzato occhi e orecchie per carpire informazioni: confidava nella sua sperimentata perspicacia.

Il campanello dell'entrata la fece sobbalzare. Chi altro doveva ancora arrivare? Si precipitò ad aprire. La fisionomia della ragazza che le stava di fronte le era subito sembrata stranamente familiare. Con un gesto rabbioso si era strappata il foulard che le nascondeva la testa e aveva scoperto i capelli corvini tagliati cortissimi. Si era tolta gli occhiali da sole e mostrava un viso rotondo dalla pelle ambrata, grandi occhi neri sfavillanti d'insolenza sotto lo slancio delle sopracciglia ad ala di rondine. La bocca era grande, morbida e scura con una sfumatura violetta. Due minuscoli, graziosi nei color caffè le ornavano una guancia e un'aletta del naso breve e camuso. Al collo portava una croce d'oro profilata di brillanti e rubini – o forse erano granate? – identica a quella della signora Arpino. Non degnò Anita di un saluto o di uno sguardo e noncurante si diresse senza incertezze verso lo studio del commendatore, come se conoscesse bene la disposizione delle stanze. Il suo sorriso spavaldo si fece umile non appena varcò la soglia. Si precipitò verso sorella Caterina, piegò le ginocchia ai suoi piedi chinando la testa fin quasi a terra e baciò l'orlo della sua gonna. E mentre l'altra cercava invano di rialzarla, proruppe a voce altissima in una specie di piagnisteo selvaggio. Aveva un forte accento romanesco, come quelli che sono nati e cresciuti fra il popolino dei rioni.

"Sorella Caterina," salmodiava, "non sono degna di stare di fronte a te, io peccatrice che ho fatto tanto male ai miei fratelli. Aiutami, tu che sei pura e santa. Signore perdonami, Signore perdonami..." e intanto si squassava con i pugni il petto ansimante e le lacrime le rigavano la bella faccia bruna.

"Sorella Maria," implorava l'altra tentando di sollevarla, "non fare così, non devi disperarti, il Signore è buono e misericordioso, ti ha già perdonato e ti ama, come un pastore ama la pecorella smarrita e ritrovata. Alzati, sorella Maria, alzati! Hai già espiato le tue colpe secondo la giustizia degli uomini... Ora devi dimenticare il passato e meritarti il perdono del Signore con una vita santa e pia dedita al bene."

Anita aggiunse puntigliosamente un altro tassello al suo puzzle: la ragazza era quella Maria di cui il commendatore aveva annunciato il ritorno a Elsa e al marito. Il ritorno dal carcere, naturalmente, dove era stata rinchiusa insieme alla signora Arpino e convertita da sorella Caterina. Ma chi era colei? Come poteva riuscire a saperlo?

Quell'atmosfera esaltata e grottesca da confraternita mistica – da cui Anita stessa, suo malgrado, si sentiva soggiogata – aveva ceduto il posto a un'animata, ordinaria conversazione. S'era appena un po' distratta dalla scena, quando udì il commendatore pronunciare quel nome – Fiamma. La ragazza s'era voltata verso di lui, ma sorella Caterina, pronta, era intervenuta con dolce fermezza a ricordare che quel nome ormai non era più il suo, apparteneva a un passato da dimenticare, ora lei era stata battezzata con il bellissimo nome di Maria, la Santa Vergine madre del vero Dio ed era entrata a far parte della religione di Cristo.

Dalla soglia, Anita sussultò. Si volse di scatto a fissare il volto della ragazza e di nuovo ebbe una sensazione di familiarità. Anche quel nome – Fiamma – un nome non comune, non le era ignoto. Dove l'aveva già sentito?

Il mercoledì mattina – la moglie del commendatore aveva telefonato da poco – le era arrivato alle spalle inavvertito mentre, protesa sulla punta dei piedi, cercava di afferrare un raccoglitore sullo scaffale più alto dell'archivio. Stringendola forte alla vita, le aveva sussurrato: "Hai le gambe da gazzella". Anita era stata invasa dal panico e, avvampando, si era divincolata e sottratta alla stretta. Il cuore le batteva come un tamburo. Forse aveva equivocato, forse aveva addirittura sognato, s'era detta frastornata, perché lui s'era subito allontanato e aveva chiuso dietro di sé la porta dello studio. Ma più tardi, quando Anita non s'era ancora calmata e girava intorno gli occhi spaventati attenti al minimo segno d'allarme, lui le aveva dettato una lettera camminando su e giù alle sue spalle. A un tratto s'era arrestato e l'aveva baciata sul collo. Aveva avuto uno scarto violento e per poco non era caduta dalla sedia. "Stai calma," aveva detto il commendatore, aspro. "Che cosa ti sei messa in testa? Potrei essere tuo padre... Chi ti credi di essere? Sei solo una scemetta ignorante e presuntuosa..." Aveva interrotto la dettatura ed era entrato nel suo studio incollerito, sbattendo la porta.

Dunque aveva frainteso, lui non pensava nemmeno... voleva solo... che cosa? che cosa? Si sentiva esausta, tutto era confuso, incomprensibile, era lei che non capiva, che sbagliava tutto, non sapeva stare al mondo, non afferrava, non distingueva... Era sciocca e limitata, immaginava ciò che non c'era mentre non riusciva a vedere ciò che c'era.

Il giovedì mattina Anita venne mandata in banca a riscuotere una forte somma. Quando tornò, sorella Caterina era nello studio con il commendatore. Si era trattenuta a lungo. Assillata dall'idea tormentosa di ciò che succedeva là dentro, aveva preso a battere furiosamente a macchina perché il frastuono dei tasti coprisse voci e rumori. Provava il desiderio spasmodico e insieme il timore di sapere. Il tempo non passava mai. Quando finalmente sorella Caterina se n'era andata, i soldi non c'erano più. Sulla scrivania stavano alla rinfusa conti, fatture, bollette del telefono, della luce, del gas, ricevute dell'affitto di un appartamento.

Il venerdì mattina fu di nuovo spedita in banca e tornò con un fascio di banconote il cui ammontare le parve astronomico. Sapeva già a chi avrebbe aperto, quando il campanello suonò.

Notò subito che non portava né gli occhiali neri né il foulard. La voce del commendatore le giungeva chiara dalla porta chiusa. Chiedeva alla ragazza se nessuno l'avesse seguita per la strada, se prima di salire non avesse notato qualcuno di sospetto. Era un'incosciente a girare senza occhiali e senza fazzoletto in testa, cosa credeva, di essere invisibile?, di non poter essere riconosciuta? Era convinta che quelli là si fossero dimenticati di lei, che avessero chiuso la partita, che l'avessero perdonata e messo una bella pietra sul passato? Credeva di essere ormai al sicuro perché era stata regolarmente processata e condannata, e aveva scontato la pena? I conti con la giustizia potevano considerarsi chiusi una volta per tutte, ma quelli con loro restavano aperti, se lo mettesse bene in testa. Quella era gente che sapeva attendere, che avrebbe colpito quando meno se lo aspettava, quando ormai sarebbe stata certa di essere al sicuro, magari fra dieci anni, magari fra quaranta. Chi poteva dirlo? Era così scema da credere che la sua conversione le risparmiasse la vendetta dei parenti, dei superstiti? Quella croce, che portava così in vista, s'illudeva che l'avrebbe salvata dal linciaggio? Al contrario, la sua abiura poteva far imbestialire ancora di più chi le dava la caccia. Era così ingenua da pensare che quelli credessero alla sincerità del suo voltafaccia? Di sicuro pensavano che si trattasse di opportunismo o, peggio, di tradimento: aveva rinnegato la sua fede, una ragione di più per fargliela pagare. Si mettesse bene in testa che sarebbe stata in pericolo fino alla fine dei suoi giorni, anche da vecchia, perché avrebbe sempre corso il rischio di trovarsi faccia a faccia con qualcuno di loro, di essere riconosciuta e fatta fuori. Non era come per sua moglie, che dopotutto era tedesca e aveva solo aiutato la sua gente a fare piazza pulita di quella feccia. Non solo lei era italiana, ma era dei loro. E non si aspettasse solidarietà o aiuto dagli altri, perché la odiavano quanto gli ebrei. Nemmeno loro credevano alla sincerità della sua conversione, anzi, la trovavano ripugnante. "Ripugnante," ripeté con voce carica di disprezzo. Nessuno avrebbe mosso un dito per difenderla. Bastava una spiata, una lettera anonima a qualcuno del ghetto.

Anita tratteneva il respiro. Ci sono, pensò. Ecco dove aveva visto la sua faccia. Era ancora una bambina, allora, ma ricordava benissimo, la storia era stata riportata da tutti i giornali. Era stata soprannominata "la tigre" per la sua crudeltà. Nelle fotografie aveva i capelli neri lunghi e lisci. Il suo cognome non lo ricordava, ma quel nome – Fiamma – le era rimasto impresso. Al termine dell'occupazione si era saputo che tra la fine del '43 e la Liberazione, nel giugno del '44, aveva fatto deportare più di cento ebrei del ghetto, dove lei stessa abitava: passeggiava per le viuzze del quartiere e quando li incontrava, li salutava con grande cordialità, in modo che coloro che la seguivano a debita distanza li riconoscessero. C'era voluto tempo perché scoprissero che era lei la delatrice, quelle effusioni amichevoli verso i suoi vicini apparivano del tutto innocenti. Molti erano stati fucilati alle Fosse Ardeatine, gli altri erano stati deportati in Germania ed erano morti nei campi di sterminio. Nessuno di loro si era salvato, intere famiglie erano state catturate, compresi i bambini.

Per ognuno dei suoi correligionari, lei aveva riscosso dai tedeschi una cospicua taglia. Si era anche saputo che suo padre, per la vergogna insopportabile di avere una figlia delatrice dei suoi stessi fratelli, si era consegnato volontariamente ed era morto nelle camere a gas di Auschwitz. I giornali avevano pubblicato fotografie agghiaccianti dei cadaveri nudi e scomposti accatastati in enormi cumuli o nelle fosse comuni ancora aperte e dei pochi superstiti, miseri esseri devastati da orrori inimmaginabili e indicibili, i corpi ridotti a scheletri, i crani rasati, gli occhi sbarrati nelle fosse delle orbite.

Anita vomitò nella tazza del bagno. Tremando si asciugò la bocca. Nello specchio il suo pallore la impressionò. Vomitò ancora, a più riprese. Tornò a passi silenziosi alla scrivania.

La ragazza ora rideva, una risata roca, gorgogliante, di scherno. Ma chi voleva che la riconoscesse? La gente aveva ben altro da fare e da pensare che badare a lei, la gente non vedeva l'ora di dimenticare la guerra e tutte quelle storie ormai lontane. Nella schifosa periferia di morti di fame dove era costretta a vivere, c'erano solo immigrati recenti dalle Marche, dall'Abruzzo, dalla Puglia, che si arrabattavano come potevano e si facevano gli affari loro. Lei non dava fastidio a nessuno, anche lei si faceva gli affari suoi. Che ne sapevano quei poveracci di quello che era successo a Roma durante la guerra? In città ci veniva di rado e soltanto da lui. O forse, aggiunse in tono di sfida, voleva che non venisse nemmeno da lui?

Da sprezzante il suo accento si fece lamentoso. Stava sempre chiusa in casa a morire di pizzichi, non ne poteva più, non era proprio tagliata per quella vita, quasi quasi era meglio Regina Coeli, almeno là parlava con le altre, guardava in faccia qualche essere umano. Lei era giovane, aveva voglia di divertirsi come tutte le ragazze della sua età, di andare a ballare, al cinema, al caffè, di passeggiare per la strada guardando le vetrine, di comprarsi dei vestiti, una borsetta nuova, un paio di calze di nylon. Non ci resisteva tappata tra quattro mura come una suora, si annoiava, non sapeva cosa fare. E per quanto tempo ancora avrebbe dovuto star nascosta? La sua giovinezza sacrificata in un buco fuori dal mondo, finché sarebbe diventata vecchia e brutta e nessuno l'avrebbe nemmeno più guardata.

La voce del commendatore era incrinata dall'ira. Si permetteva anche di lamentarsi, la signorina, vedi che cosa si ricava a far del bene al prossimo, se non ci fosse stato lui ad aiutarla e a nasconderla, le avrebbero già fatto la pelle. Le permetteva di fare la vita della signora, la manteneva senza risparmio. Se fosse stata costretta a lavorare come le altre, non avrebbe avuto scampo, l'avrebbero scoperta subito. Lui le aveva dato una vita nuova, una casa, la tranquillità, la rispettabilità. L'aveva rimessa al mondo. Era un'ingrata, ecco cos'era.

La ragazza scoppiò in una risata sarcastica. Ingrata, esclamò, ingrata, eh? Perché, lui non ricavava niente in tutta quella storia? Anche lui aveva il suo interesse, non lo faceva mica gratis. O no? Togliersi i capricci costa, non lo sapeva? E poi anche lui aveva un bel po' di cose da nascondere, cose che lei conosceva bene e che anche altri avrebbero avuto interesse a conoscere... Erano tutti e due nella stessa barca, questa era la verità. Lei era stata beccata e aveva pagato. Ma lui, durante la guerra, aveva fatto ben di peggio e nessuno gli aveva mai chiesto di renderne conto. Almeno finora. Quanta gente era morta per i suoi sporchi traffici? Come li aveva guadagnati i suoi soldi, compresi quelli che le rinfacciava di spendere per lei? La guerra gli aveva fatto un gran comodo, aveva speculato senza scrupoli sul sangue della gente, s'era arricchito sulla morte degli altri. Quello che aveva fatto lei, al confronto, era una sciocchezza. I conti da regolare li aveva anche lui, per non parlare di quella crucca di sua moglie. Anche per lui sarebbe bastata una spiata, una lettera anonima. C'era gente che era stata processata per molto meno. Era inutile che facesse la commedia con lei, non era scema come credeva. Se sua moglie fosse stata un po' meno santa, se avesse fatto il suo dovere, non sarebbe certo venuto a cercare lei. Se non fosse stata così santa, però, avrebbe messo il naso negli affari suoi e gli avrebbe creato qualche fastidio. Tutta la sua generosità con quella fanatica religiosa che ne faceva ciò che voleva, non solo gli serviva a sgravarsi la coscienza per i suoi luridi soldi, ma anche a tenere a bada quell'occhiuta di sua moglie. E nessuno le levava dalla testa che anche da quell'invasata che aveva sempre sulla bocca il nome di Dio, lui non ci ricavasse qualcosa. Si sbagliava? No che non si sbagliava, lo conosceva bene, lei. Lui non regalava niente, ma proprio niente né a lei, né a nessun'altra, compresa quell'ipocrita sdolcinata malaticcia della sua segretaria che sapeva troppe cose e che lui pagava perché le tenesse per sé.

Si udì il colpo secco di uno schiaffo, seguito da un grido e dai rumori sordi di una colluttazione, tonfi, mugolii soffocati, trambusto di sedie capovolte. Anita, impietrita dallo spavento, fissava la porta chiusa. "Forse l'ha uccisa," pensò, "strangolata con le mani." Vide il corpo della ragazza rovesciato sul pavimento negli ultimi spasimi dell'agonia. Prese a tremare, a battere i denti. Udì lo stridio delle scarpe del commendatore che percorreva il parquet a grandi passi. Forse era ancora viva. Aguzzò le orecchie, trattenne il fiato, premette una mano sulla bocca per calmare il tremito. Nulla, tutto taceva. Ebbe la tentazione di spalancare la porta dello studio: se l'aveva uccisa, era suo dovere telefonare alla polizia. Ma non si mosse, restò in piedi a fissare la porta, nell'attesa spasmodica di una voce, un suono, un rumore. Aspettò a lungo, o almeno così le parve. Infine, con suo grande sollievo, la ragazza riprese a parlare a voce bassa. Anita non riusciva ad afferrare le parole, ma dal tono addolcito le sembrava che cercasse di blandire il commendatore. Poi, di nuovo, più nulla. Attese ancora, con il cuore che le martellava nelle orecchie, ma le voci tacevano e non si udiva il minimo rumore. Poi, all'improvviso, un lamento. A passi leggeri si accostò alla porta.

Stavolta voleva sapere, fino in fondo. Si chinò a guardare dal foro della serratura: il divano le stava proprio di fronte. Vide la ragazza arrovesciata sui cuscini, la croce d'oro confitta di sghembo nel solco tra i grossi seni denudati, la gonna rialzata fin sopra il ventre, le cosce spalancate. Il commendatore le stava addosso, la sua testa grigia si agitava convulsa sulle mammelle di lei, una mano annaspava, affondava nella carne. La mano scese a frugare nelle mutande, le abbassò bruscamente. Anita si raddrizzò di colpo.

In seguito avrebbe stentato a ricostruire la sequenza degli avvenimenti di quel venerdì e persino a ricordare ciò che aveva rimuginato, tra accessi violenti di nausea, in quelle poche ore solitarie tra la fine della mattinata – dopo che Fiamma se n'era andata, seguita, di lì a poco, dal commendatore – e il pomeriggio, quando lui era tornato. I pensieri agitati di quelle ore si erano irrimediabilmente confusi con quelli successivi all'accaduto; la confusione dei ricordi si era estesa ai suoi stessi gesti e alle sue stesse parole. Che cosa aveva veramente detto e fatto e che cosa aveva solo immaginato o desiderato di aver detto o fatto? Solo con il tempo, un lungo tempo di letargo, di attonita assenza, avvelenato da una sorda vergogna di sé sedimentata nel fondo, che a ondate si riaccendeva e la sferzava, Anita avrebbe capito (senza accettarlo) fino a che punto un evento traumatico – e tanto più un accumulo di eventi traumatici – provochi una sorta di istupidimento, di paralisi di ogni facoltà e offuschi la mente, impedendo le reazioni più elementari e istintive. Se avessi detto, se avessi fatto, se non avessi detto, se non avessi fatto... la tortura di interrogarsi sulle proprie colpe invece che su quelle altrui era cominciata subito.

La sua ostinata curiosità, la sua tenace volontà di sapere, le si erano rivoltate contro. Era riuscita a ricostruire per intero, pezzo per pezzo, quella torbida storia ed era stata fiera della propria perspicacia, ma aveva trascurato di utilizzarla per se stessa e mettersi in salvo. Aveva colto i segnali del pericolo e se n'era spaventata, ma era stata incapace di prefigurarsi l'ovvia conclusione: per inesperienza, per sprovvedutezza, per ottusità. Un'altra, al suo posto, avrebbe capito fin dal principio.

Ognuno, in quella intricata partita, faceva il suo sporco gioco, ognuno era al tempo stesso corrotto e corruttore.

Sull'immane massacro che era stata la guerra, il commendatore s'era arricchito – un pescecane, si diceva di quelli come lui, e molti erano stati processati e condannati – e ora usava il suo denaro per spadroneggiare sui corpi e sui destini. Ognuna di quelle donne ne traeva vantaggio, sì, ma ne pagava anche il prezzo in modi che la sua ingenuità non avrebbe mai immaginato. In quelle transazioni, il loro corpo veniva usato, offerto o sottratto. La moglie si serviva del denaro del marito per riscattare i suoi delitti e lavarsi la coscienza, inducendolo a finanziare la setta religiosa che le offriva la redenzione e al tempo stesso costituiva una barricata contro gli esigenti appetiti di lui che ripugnavano al suo inedito ascetismo.

Fiamma lo usava per salvarsi la vita, una turpe vita di delazione e tradimento prima, e ora di cinismo e opportunismo nella falsa conversione e nello sfruttamento delle voglie di un uomo che disprezzava e la disprezzava. Sorella Caterina se ne serviva per pagare i conti della sua congrega di invasati che la venerava come una santa e sulla quale esercitava un potere assoluto, sfruttando la furiosa attrazione di lui per i corpi giovani e il bisogno di redenzione della moglie. La signorina Elsa, che era stata testimone della provenienza e dell'accumulo di quel denaro negli anni di guerra, sfruttava l'antica, inesausta passione di lui per vivere nel benessere e il suo desiderio insoddisfatto di paternità per garantirsi, con la lusinga di un figlio che il marito credeva proprio, una rendita a vita. E se invece, le venne in mente, il figlio fosse stato davvero del marito e Elsa avesse mentito al commendatore? Si rese conto che ormai non arretrava neppure di fronte all'ipotesi più ignobile, tutto le pareva possibile. La corruzione era penetrata in lei e di colpo aveva modificato ogni prospettiva. Un mondo adulto melmoso si era spalancato di fronte ai suoi attoniti occhi infantili. Non sarebbe più stata la stessa.

Lei era stata ignara di tutto, almeno fino a un certo momento. Ma quando aveva compiuto le prime, sbalorditive scoperte, s'era sentita più eccitata che indignata, fiera di sé come un investigatore che da indizi irrilevanti arrivi a ricostruire il delitto e a scoprire il colpevole. Non era stata capace di vedere più in là. Più che ingannata – "Come in un tabernacolo, signora, come in un tabernacolo!" – si sentiva un'idiota che non aveva saputo fiutare i fatti al di là delle parole. Anche lei, seppure a sua insaputa e in tono minore, entrava a pieno titolo a far parte del drappello dei corrotti: con l'ottimo stipendio, così illogico rispetto alla sua incompetenza, era stato comprato il suo silenzio e la sua acquiescenza: qualsiasi modesta stenodattilografa al primo impiego come lei, avrebbe chiuso occhi orecchie e bocca pur di non perderlo, capendo però fin dal principio, a differenza di lei, quanto le insignificanti mansioni che assolveva fossero lontane dal meritare una cifra tanto generosa. E le bizzarre effusioni del commendatore, insieme ai suoi bruschi cambiamenti d'umore, che la spaventavano tanto, erano un mezzo per minare la sicurezza di sé e renderla prona e condiscendente.

Dunque, l'unica cosa onesta da fare era rinunciare a quei soldi che odoravano di sangue e di morte, sottrarsi alla schiera volgare di chi ne approfittava senza il minimo fremito.

Seduta alla scrivania, la faccia stretta tra le mani, tenendo a bada la nausea che le torceva lo stomaco, Anita si perdeva a immaginare un gesto clamoroso, forte, plateale: buttare ai piedi del commendatore la busta dello stipendio insieme alle chiavi dell'ufficio: "Si tenga i suoi luridi soldi, si trovi un'altra stenodattilo primo impiego più morta di fame di me, li regali alla sua ebrea, assassina di ebrei e falsa convertita, a sua moglie, fanatica nazista in guerra, allo stesso modo in cui è una fanatica credente nel dopoguerra, a sorella Caterina che simula la santità per sete di dominio e le presenta i conti del suo apostolato, a Elsa che le ha tenuto bordone e la inganna per calcolo insieme al marito che lei le ha trovato... A me no, me non mi avrà, ora che so. Ho soltanto sedici anni, ma so distinguere. Devo guadagnarmi da vivere, non ho un soldo, ma posso fare a meno dei suoi".

Gli avrebbe sputato sulle scarpe, le sue scarpe lucidissime e scricchiolanti. No, quello non era un gesto dignitoso, da adulta, era un gesto villano e infantile. Si sarebbe limitata a voltargli le spalle e a sbattere forte la porta andandosene per sempre.

Indugiava a fantasticare sulla reazione del commendatore: la fissava stupefatto e ammutolito sotto la valanga di accuse che gli rovesciava addosso, fulminato, ammirato dal suo coraggio e dalla sua dirittura morale. Forse le avrebbe chiesto perdono, si sarebbe vergognato di se stesso, avrebbe cambiato vita, folgorato dall'esempio di probità di una ragazzina. Ancora e ancora vedeva se stessa sbattere la porta, uscire a testa alta, orgogliosa di sé, camminare per la strada nel sole. In seguito s'era stupita di non aver affatto pensato, in quelle ore, alla necessità di giustificarsi con i suoi e alle loro reazioni. O forse ci aveva pensato, ma aveva scacciato il pensiero molesto per infiammarsi la fantasia del proprio gesto da eroina.

Aveva aggiunto un seguito alla scena, via via che la ripeteva nella mente: il commendatore, dopo un primo momento di sbigottimento, la rincorreva chiamandola a gran voce: "Anita, resta, resta, ti prego, come farò senza di te? Cambierò, vedrai, diventerò buono e bravo, darò tutti i miei soldi ai poveri, ma tu rimani, aiutami, non posso andare avanti senza di te...".

Arrivò alle quattro. Quando udì la chiave girare nella toppa, il respiro le si mozzò, la gola le si strinse e il cuore prese a battere come una grancassa. Si alzò in piedi a fatica, priva di forze, le gambe molli, le mani tremanti. Inghiottì più volte la saliva che le cresceva in bocca. Era sudata fradicia, tornava il bisogno di vomitare. Pensò vagamente che non aveva nessuna busta dello stipendio da buttargli ai piedi, la fine del mese era ancora lontana. Modificò in fretta la scena: avrebbe detto... che cosa avrebbe detto? Non se ne ricordava più, tutto s'era all'improvviso cancellato. Gli avrebbe buttato sulle scarpe le chiavi dell'ufficio, questo sì...

Sorridendole, chinandosi su di lei, le aveva stretto delicatamente il mento tra le dita. Lei si era ritratta bruscamente, la testa le si era svuotata di colpo per riempirsi di bambagia, la vista le si era annebbiata. Alle narici le era arrivato, intensissimo, il profumo di bergamotto. "Tranquilla, bambina," aveva mormorato con dolcezza, "tranquilla, non voglio farti del male, devi solo essere un po' gentile con me."

Aveva fatto un passo indietro e si era irrigidita dalla testa ai piedi. Un brivido le aveva percorso la schiena, aveva le mani sudate. Ma lui subito, con voce mutata, le aveva chiesto di cercargli un documento nell'archivio. Provò un istantaneo sollievo, il pericolo era passato, ma il tremito non si calmava. Va bene, avrebbe trovato il documento e poi l'avrebbe affrontato e gli avrebbe detto, buttandogli le chiavi sui piedi... tentava di ripetere a mente ciò che intendeva dirgli, accovacciata di fronte allo scaffale più basso, consultando il dorso dei raccoglitori.

Non l'aveva sentito entrare. L'aveva fatta trasalire lo scatto della chiave girata nella serratura e quando si era voltata, già le stava alle spalle. Aveva tentato di alzarsi, ma lui l'aveva afferrata saldamente alle clavicole, l'aveva attirata di forza contro le sue gambe, sollevata di peso per le ascelle, costretta a girarsi verso di lui e spinta lentamente all'indietro fino a schiacciarla contro il muro con il peso del suo corpo. "No, no, no," ripeteva Anita debolmente, cercando invano di liberarsi, di sgusciare di sotto la sua mole. "Buona piccola, buona, non ti farò del male, vedrai che ti piacerà. Stai ferma, piccola, stai ferma..." "No, no, no," non sapeva dire altro, con un filo di voce implorante, scuotendo la testa nel diniego. "Ti coprirò di regali, bambina, potrai chiedermi tutto quello che vuoi," le sussurrava all'orecchio, tenendola premuta contro la parete. "Che regalo ti piacerebbe, eh? Dimmelo, piccola, non aver paura di me, io ti voglio bene, non lo capisci? Non devi aver paura, lasciami fare..."

Di colpo aveva incuneato con violenza un ginocchio tra i suoi, divaricandole a forza le gambe. Si sentiva inerte, istupidita, come se tutto ciò non stesse succedendo a lei. Soltanto quando lui le afferrò i capelli alla nuca per immobilizzarle la testa e premette la bocca sulla sua cercando di insinuarle la lingua tra i denti serrati, ritrovò la coscienza di quanto le stava accadendo e cominciò a reagire: si dibatteva, tentando di espellere quel ginocchio conficcato tra i suoi, scalciava, puntava i pugni contro il suo petto per scostarlo da sé, mugolava storcendo la faccia per sottrarsi alla sua lingua ripugnante.

Con uno strappo brutale le spalancò la camicetta – un bottone tintinnò sul pavimento – le artigliò un seno e lo strinse fino a farla urlare, poi le rialzò la gonna. Ormai fuori di sé, ansimante, l'abbrancava, la frugava, si dimenava contro di lei. Anita, atterrita, inarcava inutilmente il corpo per respingerlo, costretta contro il muro e quando le fu chiara la propria impotenza a difendersi, scoppiò in singhiozzi disperati, convulsi. "Mi lasci stare, mi lasci stare," ripeteva tra i singulti, "mi lasci andare via..."

L'abbandonò all'improvviso, per il contraccolpo lei sbatté la nuca contro il muro. Si scostò, congestionato in viso, si abbottonò i pantaloni, si ravviò i capelli, si riassettò gli abiti. "Sei una povera cretina," proferì con voce cupa di rabbia, "non capisci niente, non ti meriti niente. Peggio per te."

Le voltò le spalle e uscì dalla stanza sbattendo la porta.

Anita raccolse piangendo le proprie cose, s'infilò la giacchetta, chiuse senza rumore la porta d'ingresso, scese le scale. Sulla soglia del portone fu abbacinata dal sole. Camminò per la strada continuando a piangere, senza vedere niente, senza sapere dove andasse. Provava una lancinante sensazione di sconfitta. "Se avessi detto, se avessi fatto, se non avessi detto, se non avessi fatto..." La tortura era cominciata.

Era colpa sua, aveva sentenziato sua madre dopo il racconto smozzicato, le parole trattenute dal pudore, inceppate dalla paura di essere travisata e accusata. Come difatti era stato. Se si fosse comportata come si deve, se fosse stata al suo posto, se non avesse fatto la civetta... Aveva tentato di difendersi, lei non aveva fatto niente, ma subito aveva taciuto, vinta. Forse era stato davvero così e lei, nella sua stupidità, non se n'era accorta. Nemmeno allora aveva parlato delle sue scoperte nell'ufficio: a lei stessa, ora, sembravano incredibili, una storia romanzesca: non sarebbe stata creduta. Sua madre la scrutava con occhi carichi di sospetto, respingendola in una solitudine senza sollievo. Si sentiva sporca, indegna e per di più inetta, incapace di distinguere, di orientarsi, di badare a se stessa, sprovveduta fino alla cretinaggine. Un'ingenua ridicola. Era confinata nella pochezza della sua esperienza, nella limitatezza della sua vita, mentre gli altri, quelli che sapevano stare al mondo con la dovuta scaltrezza e disinvoltura, che sapevano valutare e giudicare, se la ridevano degli ingenui come lei.

Aveva colto un discorso tra sua madre e suo padre: "Magari si è inventata tutto, sai come sono le ragazzine, hanno una fantasia sfrenata, s'immaginano cose che non sono mai successe, non sarebbe la prima volta. Il commendatore aveva l'aria di una gran brava persona. Chissà che cosa ha combinato lei".

"E ora come faremo senza il suo stipendio?" aveva lamentato sua madre. "Ho appena sedici anni," aveva singhiozzato nel suo letto, "appena sedici anni. Sono stata buttata là, come una cosa senza valore, per i soldi."

Per molto tempo la notte si svegliò urlando, fradicia di sudore. Vedeva la ragazza ebrea stesa sul divano, il grande seno nudo, le cosce oscenamente spalancate, le mani del commendatore che annaspavano sul corpo di lei che, a un tratto, diventava il suo corpo magro di bambina. Piangeva a lungo, sfinita, per la vergogna di sé. Non parlava con nessuno, nessuno le parlava.

Dalla fermata dell'autobus, la donna aveva percorso un breve tratto di strada asfaltata, poi aveva voltato a destra. Procedeva ora per una stradetta accidentata e polverosa con l'andatura prudente, affaticata e oscillante degli obesi.

Teneva la faccia china, come se badasse bene a dove poggiava i piedi gonfi costretti nelle scarpe sformate. Nei campi incolti sul lato sinistro della strada, c'erano cumuli di rifiuti maleodoranti in cui frugavano cani randagi. I gabbiani sostavano immobili a poca distanza, in attesa del loro turno. Qua e là interrompevano la sterpaglia uniforme, orticelli di stente insalate, carciofi, sedani e basilico imbiancati dalla polvere della strada. La carcassa arrugginita di una vecchia automobile giaceva abbandonata sul ciglio. Sul lato destro, sorgevano rade case dall'aria abusiva, costruite alla bell'e meglio, prive di intonaco, con i mattoni forati in vista.

Anita seguiva la donna a distanza. Quando notò che rallentava, si fermò e aspettò. Giunse di fronte a una casetta a un piano dall'intonaco scalcinato, con un misero giardinetto impolverato sul davanti. Frugò nella borsa, estrasse un mazzo di chiavi, spinse il cancelletto, arrivò alla porta, la aprì ed entrò.

Anita attraversò la strada e sedette su un basso muretto proprio di fronte alla casa. Restò lì a lungo, senza perdere d'occhio le finestre. Vide una tendina scostarsi e ricadere più volte, a intervalli di tempo. Dunque era stata notata. Quando calò il crepuscolo, se ne andò.

Tornò il giorno dopo, nel primo pomeriggio. S'era portata una rivista e le parole crociate per ingannare il tempo. Ormai era una pensionata – erano trascorsi più di quarant'anni dal suo debutto come stenodattilo primo impiego – e del suo tempo poteva disporre come voleva. La stradetta era deserta, i rumori del traffico giungevano attutiti in quell'angolo degradato di estrema periferia. Sedette sul muretto, al sole, sfogliò distrattamente la rivista, gettando frequenti occhiate alle finestre della casetta. La tendina venne scostata più volte, per un istante le parve di aver intravisto la sagoma della donna dietro i vetri. Ma non si mostrò.

Tornò anche nel pomeriggio del sabato e restò di guardia, seduta sul muretto, per un paio d'ore. Il lunedì, appena prima di andarsene, quasi al tramonto, vergò un biglietto e lo infilò nella cassetta delle lettere appesa al cancelletto.

Millenovecentoquarantaquattro, aveva scritto, in lettere e in cifre, come su un assegno. Per tutto il tempo che era rimasta in attesa di fronte alla casa, la donna non aveva dato segni di vita. Solo nel momento in cui stava allontanandosi, con la coda dell'occhio aveva visto la tendina oscillare.

Il martedì tornò e sostò a lungo, leggendo un libro. Sul biglietto che lasciò scivolare nella cassetta prima di prendere la strada del ritorno, scrisse a stampatello, a grandi lettere: Auschwitz. La tendina della finestra non si era mossa.

A bella posta lasciò trascorrere due giorni. Tornò il venerdì. Sul biglietto, incolonnati in bell'ordine l'uno sull'altro, tracciò dei cognomi: Anticoli, Di Veroli, Spizzichino, Di Consiglio, Tagliacozzo, e più sotto una data: 24 marzo 1944, Fosse Ardeatine.

Il sabato restò seduta sul muretto finché il sole non tramontò, ma non lasciò alcun biglietto. Ne lasciò uno, invece, il pomeriggio del lunedì: aveva scritto il nome e cognome del commendatore e, sotto, un grande punto interrogativo.

Lasciò passare qualche giorno, poi tornò. Era lì seduta da quasi un'ora, quando la tendina della finestra venne sollevata e poi lasciata ricadere. Dunque era in casa. Sentiva che era prossima a cedere all'assedio e nella mente preparava le parole. Di lì a poco la porta della casetta venne socchiusa e subito richiusa. Aspettò ancora, a lungo, e quando ormai cominciava a dubitare che il faccia a faccia fosse imminente, la porta si spalancò e la donna apparve sulla soglia. Esitava, fissandola a distanza, incerta, come se dovesse vincere la paura e fosse in attesa di un segnale. Anita rimase immobile.

Infine la donna si decise, scese i gradini, aprì il cancelletto, uscì nella strada e venne verso di lei.

5.

IL GIARDINO SELVATICO

La casa sorgeva isolata di fronte al mare, una villetta vecchiotta, senza pretese, affacciata su una stradina sterrata bordata di tamerici contorte dai venti invernali. S'era trovata davanti il cartello affisso sul portoncino d'entrata, mentre inseguiva a passi lenti il sole al tramonto che incendiava il mare. Le era sembrato un segno del destino. Alla pensione Sorriso le voci troppo alte degli ospiti e le grida acute dei bambini frantumavano la quiete e le indolenzivano le tempie: l'eccessiva contiguità con i propri simili si tollera sempre meno con l'avanzare degli anni.

L'intonaco magenta era scolorito e sgretolato, le persiane del pianterreno stinte e sconnesse, mentre quelle del primo piano erano state verniciate di fresco di un bel verde brillante. Sul retro, verso il mare, c'era il giardino, chiuso da un muretto sovrastato da una cancellata in ferro corrosa dalla salsedine, un giardino inselvatichito, rovi, erbacce, gigantesche ortiche ovunque, grovigli di convolvoli abbarbicati ai fusti; gli oleandri pativano per i gambi secchi che nessuno aveva tagliato, due altissime palme filiformi ondeggiavano frusciando nella brezza marina, mortificate dai rami rinsecchiti penduli lungo i tronchi.

Melania s'era incantata a contemplare il giardino abbandonato e subito aveva immaginato se stessa occupata con fervore a restituirgli la grazia perduta, china a zappare, a estirpare, armata di forbici a potare gli arbusti, accovacciata a piantare nasturzi, petunie e calendule nelle aiuole di pietra, da annaffiare verso sera, quando la calura si spegne. Le palme erano troppo alte perché potesse segarne i rami secchi, avrebbe chiamato un giardiniere esperto, non voleva sapere come si sarebbe issato fin lassù. Con gli occhi le sfrondava delle appendici disseccate, restituendo ai ventagli delle chiome la loro naturale eleganza.

Da una porta finestra, una scaletta a doppia rampa scendeva nel giardino. Un cancelletto di ferro roso dalla ruggine, chiuso da una catena e da un lucchetto che non dovevano essere stati aperti da decenni, dava sulla stretta spiaggia che si allungava liscia e compatta fino al promontorio roccioso che, a ovest, chiudeva la baia. Il luogo era appartato e protetto, pieno di pace. Dalla riva si scorgeva il paesino rivierasco addossato alle ripide colline fitte di ulivi, le case di grazia antiquata dall'intonaco rosa acceso dal sole, il porticciolo irto degli alberi delle barche da pesca verniciate d'arancio, di rosso e verde menta, e uno spicchio della bella piazza con i portici e le vecchie botteghe, le panchine di legno all'ombra delle palme, le macchie carminio dei gerani nei vasi di terracotta sui muretti.

In quel luogo idilliaco e solitario, si disse, nulla mai di turpe o crudele sarebbe potuto accadere: l'armonia del paesaggio ammorbidiva gli animi, scioglieva i conflitti, soccorreva lo spirito. Melania, diritta contro la quinta del mare che il crepuscolo andava abbuiando, si ravviava con le dita i capelli grigi scomposti dal vento e sorrideva estatica a quella che già considerava la propria dimora.

A un'ora mattutina che aveva ritenuto decente, s'era presentata all'indirizzo indicato dal cartello. Sulla porta, una targa di ottone indicava il nome dell'avvocato Sivieri. Il suono del campanello le era sembrato percorrere innumerevoli, sconfinate stanze vuote, un tacchettio di passi femminili s'era annunciato da una distanza remota. Una donna bruna, formosa, ancora giovane, con un chiassoso abito estivo troppo scollato, la bocca e gli occhi sopraffatti dal trucco greve, aveva aperto la porta e l'aveva salutata con un sorriso tanto eccessivo da apparire implorante. Un'impressione sgradevole. "Mio marito è nello studio," aveva detto, l'inflessione era del sud.

Di là dalla scrivania, nella stanza semibuia, arredata con lugubri mobili notarili, i muri tappezzati di damasco rosso, s'era alzato con visibile fatica un anziano signore canuto dalla faccia paonazza e le era venuto incontro. Con maniere cortesi un po' affettate, aveva mostrato un contenuto interesse alla sua richiesta di affittare la casa sulla spiaggia e s'era informato su di lei con il dovuto riguardo, ma con decisione. Un uomo freddo, corretto, meticoloso e determinato, aveva concluso; un padrone di casa certo dei propri diritti, esigente e intransigente, ma di opportuna discrezione.

Non appena l'equivoco si era rivelato, la sua voce di colpo si era inspiegabilmente indurita e corrugando contrariato le sopracciglia sugli occhi divenuti all'improvviso imperiosi e ostili, aveva chiarito di non avere nessuna intenzione di affittare l'appartamento a pianterreno, ma solo quello più piccolo al piano superiore. Melania s'era sentita fortemente delusa, costretta però dal desiderio di abitare a qualsiasi costo la casa della pace e dell'idillio, a riadattarlo di punto in bianco alla nuova prospettiva. Dopotutto, avrebbe comunque potuto prendersi cura del giardino selvatico, ridargli ordine e vita, e alla fine godersela dalla terrazza del primo piano. Lo propose all'avvocato, con la precipitazione di chi non intende lasciarsi sfuggire una preziosa occasione, persuasa d'altro canto di fargli una gentilezza. La reazione veemente, quasi irosa di lui, l'aveva sbalordita: no, il giardino restava com'era, nessuno doveva metterci mano. Così era. Aveva assentito in gran fretta, timorosa di perdere il bene agognato, stupefatta di tanta incomprensibile contrarietà. Un tipo bizzarro e diffidente, l'avvocato, chissà che cosa temeva. Avrebbe rinnovato la sua richiesta più in là, quando si fossero conosciuti meglio e ne avesse guadagnato la fiducia.

Visto dal primo piano, il giardino era un groviglio tumultuoso di verzura. I tronchi esili e perfettamente torniti delle due palme tagliavano come le bande di una cornice una porzione di mare color cobalto fino all'orizzonte. La felicità le allargava i polmoni e le illuminava lo sguardo, l'eccitazione la svegliava all'alba. Camminava a piedi nudi lungo la spiaggia umida di rugiada fino al promontorio, sostava sulla battigia a scrutare il cielo sbiancato da tenui residui vapori notturni. Squadriglie ordinate di uccelli di passo – anatre forse? – volavano basse sull'acqua verso nord. Il sole radente inargentava la baia, i percorsi mutevoli delle correnti chiazzavano di grigio la superficie fosforescente. Si sorprendeva a sorridere. L'acqua le allungava tiepidi colpi di lingua sui piedi. Tornava al piccolo trotto, con il sole già alto in faccia, il fiato corto, i capelli scarmigliati, ansante, accaldata e affamata. Le fette di pane nero abbrustolito spalmate di burro e miele sprigionavano una fragranza celeste. Il caffè spandeva un aroma sublime. Dalla terrazza contemplava la distesa ora increspata dalla brezza di terra, le vele bianche al largo, la spiaggia abbagliante di luce, i branchi di gabbiani nella scia delle barche da pesca che tornavano in porto di primo mattino. Si buttava in acqua e nuotava a lungo, usciva grondante e gelata, si allungava spossata sulla sabbia a riscaldarsi al sole, spalmava con cura una crema soffice e profumata sulla pelle abbronzata.

Più tardi, sulla piazza del paese, comprava i giornali, il pane scuro croccante, l'insalata, le uova, il pesce fresco, i cibi semplici del luogo in cui s'era scavata una nicchia sottovento, al riparo dalle tempeste. Cuoceva il pesce sulla piastra, condiva la lattuga con l'olio denso e dorato del posto, lo spargeva su una fetta spessa di pane speziata di origano e pepe e l'addentava vorace. Sulla spiaggia chiudeva annoiata i giornali appena sfogliati, le notizie le parevano giungere da un altro mondo, un mondo estraneo e remoto con cui non aveva più niente a che fare. A occhi socchiusi assaporava una beatitudine perfetta. Di lontano le giungevano rare voci attutite dal vento contrario o dalla distanza, il rombo di un motore marino che, doppiato il promontorio, si affievoliva, lo schiocco delle vele gonfiate dal maestrale.

Nel pomeriggio, sul terrazzo, traduceva con la macchina da scrivere sul tavolo, la testa protetta dall'ombrellone, la gambe nude al sole. Gettava occhiate amorevoli al giardino selvatico, gli prometteva di intercedere a suo favore presso il padrone di casa della cui inspiegabile ostilità era incolpevole vittima.

L'appartamento disabitato al pianterreno la incuriosiva: perché l'avvocato preferiva lasciarlo vuoto? Chi vi aveva vissuto? Quanto tempo prima?

Da una stecca sconnessa di una persiana dalla parte della strada, era riuscita a sbirciare all'interno. I vetri della finestra erano rotti. Aveva intravisto una grande stanza in penombra, sagome di poltrone, di un divano e di un pianoforte a coda coperti di teli bianchi, grandi quadri appesi alle pareti. Doveva esserci un palmo di polvere dappertutto. Era un arredo tetro e antiquato, in singolare contrasto con la smagliante solarità del paesaggio.

La sera passeggiava sulla spiaggia finché in cielo resisteva l'ultimo bagliore sanguigno del tramonto, sedeva al bar della piazza con un bicchiere di vino bianco gelato e le olive verdi e succose della riviera, in attesa di cenare sulla terrazza della piccola trattoria che dava sullo scivolo con le barche tirate in secco.

L'avvocato Sivieri, vestito di lino bianco, arrivava lento, appoggiato a un bastone dal pomo d'argento, dai portici in fondo alla piazza per una breve passeggiata prima di cena. Rispondeva ai saluti deferenti dei compaesani increspando appena la bocca e sfiorando con due dita la tesa del panama. Intorno alla sua figura arcigna pareva allargarsi un cerchio di intimorita soggezione.

La moglie, invece, Melania la incontrava talvolta la mattina. La sommergeva di discorsi inconsistenti, parole vuote che precipitavano l'una sull'altra, una loquacità affannosa, incontrollata. E mentre a ogni piè sospinto ripeteva "mio marito" come un'affermazione di sé e della sua collocazione, si aggiustava la scollatura, si toccava i capelli, giocherellava con la collana di perle e le unghie laccate di rosso acceso lampeggiavano stonate nel sole, girava intorno gli occhi avidi e irrequieti come per accertarsi di essere notata. Salutava i passanti con un'enfasi patetica e una familiarità esagerata, ma in cambio riceveva solo rapidi cenni o saluti a bocca stretta. Pareva non avvedersi di quell'antipatia. Che cosa le rimproveravano, i paesani? Di essere troppo giovane per l'anziano avvocato? O troppo ordinaria?

L'avvocato Sivieri trapassò all'improvviso in una notte di metà giugno. Melania s'era recata da lui all'inizio del mese per pagargli l'affitto: l'aveva trovato sofferente, stremato, respirava con affanno, il viso da paonazzo s'era fatto livido. Non osò, a causa del suo evidente malessere, riparlargli del suo desiderio di prendersi cura del giardino selvatico. Il tacchettio della moglie che si aggirava per la casa giungeva futile e incongruo nello studio buio.

Giudicò suo dovere recarsi dalla vedova per le condoglianze. La trovò singhiozzante, senza trucco, in gramaglie, che si torceva le mani e balbettava smarrita: "E adesso come farò?".

La gente andava e veniva dalla camera dove il defunto era stato composto sul letto con un rosario tra le dita, con una specie di compunta, imbarazzata esitazione. Qualcuno stringeva brevemente la mano alla donna, mormorava parole di rito, altri la ignoravano e si muovevano per le stanze guardandosi intorno curiosi come se per la prima volta avessero accesso a una casa sulla quale molto si era argomentato. Nessuno le dimostrava affetto, né compassione, né simpatia. Qualcosa di indicibile raggelava i gesti e le parole, mentre gli sguardi indagavano pungenti.

Sulla porta, mentre usciva, colse al volo la frase di un uomo: "Adesso bisognerà vedere il testamento, se poi l'ha fatto, bisognerà vedere che cosa faranno i figli. Non si sono ancora visti. E la moglie?" chiese un altro. "Eh, la moglie, poveretta, cosa vuoi...". Il senso di quel discorso le sfuggiva.

Alla pescheria, appena era apparsa sulla soglia, un discorso tra la pescivendola e un'anziana donna s'era interrotto. Ne aveva afferrato solo la coda, la proprietaria diceva, in tono di biasimo: "Chi la fa l'aspetti, non le toccherà niente a quella lì, anche se l'ha fatto il testamento, i figli lo impugneranno...". Tentava invano di cucire insieme quegli scarni elementi.

Andò al funerale dell'avvocato Sivieri. La moglie a lutto camminava dietro il feretro, sola. Intorno a lei un ampio spazio vuoto segnalava la misura del suo isolamento. In un impeto di solidarietà contro il malanimo così esplicito del paese, Melania fu tentata di affiancarsi a lei: la trattenne il timore di inserirsi, estranea, nella rappresentazione di un dramma di cui tutti conoscevano il copione tranne lei e di recitare perciò la parte sbagliata. Un timore, riconobbe, che confinava con quello un po' vile ed egoistico che quella vicenda dagli ignoti lineamenti investisse in qualche modo anche il suo angolo riparato sottovento. Le spalle della vedova sussultavano sotto l'ampio velo nero che la nascondeva, teneva la testa china e di tanto in tanto si asciugava gli occhi con un fazzoletto.

"Eccoli là, i figli, sono arrivati," bisbigliò una voce alle sue spalle. Un uomo e una donna, appena più giovani di lei, procedevano uno accanto all'altra nel mezzo del corteo, a distanza, ignorandola come i compaesani. Figli di primo letto, evidentemente.

Fu stupita che non fossero vestiti a lutto, che non avessero nemmeno una striscetta nera sul bavero. Camminavano composti e alteri, a testa eretta e senza lacrime, come a sottolineare l'estraneità e la differenza dalla moglie del padre. Non c'è figlio che accetti l'amore senile del proprio padre, pensò Melania, né il tradimento della memoria della propria madre. Né, tanto meno, la sottrazione di una fetta della ricchezza paterna da parte dell'intrusa.

"Era la serva," pronunciò distintamente una voce al suo fianco, "come è arrivata in casa, lui ha perso la testa, aveva già cinquantacinque anni e lei venticinque. Si è sempre fatta passare per sua moglie, però lui non l'ha mai potuta sposare. C'era la vera moglie in quello stato e i figli tutti e due schierati dalla parte della madre... Non gli hanno più parlato, non l'hanno voluto più vedere, il padre..."

Qualche giorno dopo, un'automobile si fermò davanti alla casa. Ne scesero i due figli dell'avvocato Sivieri. Melania, affacciata alla terrazza, ricambiò il loro cortese saluto. C'erano da eseguire lavori di risistemazione del pianterreno, si scusò l'uomo, speravano di non arrecarle eccessivo disturbo. Sa, è molto in disordine, è disabitato da quasi vent'anni.

Scomparvero nell'appartamento, spalancarono le finestre, trasportarono in giardino una quantità di sedie sulle quali, come sulla ringhiera della scala, stesero a prendere aria tappeti, coperte, biancheria e i drappi stinti e polverosi che riparavano mobili, poltrone, divani e il pianoforte a coda. Il giardino s'era trasformato in un accampamento di zingari.

Nel mezzo del trambusto durato l'intera giornata, qualcuno – l'uomo o la donna? – s'era accanito a eseguire le scale al pianoforte, aveva martellato con insistenza sul la diesis, il si e il si bemolle, e il ritornello esasperante di quelle note stonate aveva lacerato l'aria come un grido d'aiuto. Il pianoforte era da accordare, quel supplizio era inutile, se ne sarebbero dovuti accorgere non appena posate le dita sui tasti.

Irritata e angustiata, Melania vagava fra le stanze e la terrazza senza combinare nulla, scompaginati i suoi riti e i suoi ritmi da quella rumorosa intrusione. Dalle finestre spiava ciò che accadeva nel giardino. L'uomo aveva armeggiato a lungo intorno al lucchetto che chiudeva il cancello verso la spiaggia, l'aveva oliato, aveva provato vari mazzi di chiavi, finalmente era riuscito a sbloccarlo e per un bel pezzo s'era applicato ad aprire e chiudere le due ante, producendo un cigolio da far accapponare la pelle. Al giardino invaso dalle erbacce e dai rovi, aveva dedicato solo occhiate distratte. Invece la sorella l'aveva percorso in lungo e in largo, come se stesse compiendo una ricognizione in un territorio già noto. Si limitava a osservare ogni singola pianticella, arbusto o cespuglio asfissiato dalle erbe infestanti, toccava i rami, accarezzava le foglie, annusava qualche fiore stento, ma non faceva nulla per loro, nemmeno il gesto minimo di strappare un getto di gramigna dal terreno o di spezzare le tenaci liane dei convolvoli che avviluppavano i fusti. Aveva sfiorato con la punta delle dita i tronchi affusolati delle palme, uno dopo l'altro, come se li riconoscesse al tatto e ne riprendesse possesso e aveva alzato gli occhi a scrutare le chiome scomposte e sciupate. Aveva un viso pallido e malinconico. Dal cancelletto fissava il mare assolato facendosi schermo agli occhi con la mano.

La mattina dopo, insieme ai due fratelli, era arrivato un furgone carico di attrezzi e una squadretta di operai. Al piano di sopra giungeva un'accozzaglia di rumori stridenti: mobili spostati, pareti raschiate, oggetti trascinati, pavimenti arrotati, furenti colpi di martello. Il giardino s'era riempito di bidoni di vernice, sacchi di cemento, calce, sabbia. Dalle finestre spalancate uscivano nugoli di polvere biancastra che si depositava sulle foglie coprendole di una patina opaca. Il giardino sembrava ingessato. Fratello e sorella avevano trasportato all'esterno cassetti ricolmi di carte e, chini su di essi, sfogliavano, leggevano, si consultavano sottovoce, riordinavano, separavano fogli, lettere, rotoli fermati con l'elastico. Melania riconobbe un pacco di spartiti musicali.

Piena di rabbia impotente, usciva di casa esasperata, non trovando pace in tutto quel frastuono e quel disordine, non riuscendo a concentrarsi e a lavorare. Piangeva il suo paradiso perduto. Immaginava che i figli del defunto avvocato, tanto frettolosi nel rimettere in sesto la casa disabitata a così breve distanza dalla morte del padre, fossero mossi dall'avidità di affittarla per la stagione della villeggiatura. Forse avevano già pronti gli affittuari, una famiglia numerosa e chiassosa, si figurava: le pareva già di sentire le voci alte, le risa sguaiate, i richiami, le porte sbattute, una radiolina a tutto volume, l'abbaiare incessante di un cane maleducato che scorrazzava senza posa su e giù nel giardino, il pianoforte strimpellato da incolte dita giovanili. Le pareva persino di vedere tutte le luci accese a ferire le quiete notti marine.

Si aspettava che la informassero sulla sorte dell'appartamento a pianterreno, che era anche la sua: ne aveva diritto, riteneva, perché non lo facevano? Il suo orgoglio le impediva di chiedere per prima, pretendeva un po' di riguardo. La collera crescente, via via che i giorni passavano, le chiudeva la bocca. I due fratelli la salutavano con gentilezza, scambiavano opinioni insignificanti sul tempo, sulla stagione, sulle condizioni del mare, nient'altro. Se erano imbarazzati di doverle comunicare che avrebbero riempito di gente l'appartamento, del loro imbarazzo non era certo lei a doversi preoccupare.

Costernata, delusa, disponeva il cuore al commiato forzoso dal luogo incantato che le era penetrato nel sangue, disfaceva amaramente i progetti di tranquillo, proficuo lavoro, di un'estate e un autunno appartati e silenziosi, dolendosi della precarietà di ogni cosa, dei voltafaccia inaspettati degli eventi. Anche il giardino selvatico le sarebbe stato sottratto, svaniva il sogno di riportarlo con la sua amorosa fatica all'antico splendore di cui conservava le tracce, qualcuno sarebbe venuto a ripulire, zappare, potare, piantare, annaffiare al suo posto, senza alcuna passione. Piedi estranei e indifferenti l'avrebbero calpestato, gente arrivata dalla città, come tanti, a usare, imbruttire, spargere ovunque rifiuti. I figli dell'avvocato defunto le infliggevano un torto, forse senza nemmeno sospettarlo, con la loro urgenza di sfruttare la proprietà contro gli stessi desideri paterni. Nemmeno quelli conoscevano, ma lei sì, lei ben sapeva fin dal suo primo colloquio con lui, come non intendesse affittare la casa vuota e nemmeno toccare il giardino. O, al contrario, proprio perché conoscevano le intenzioni di quel loro padre detestato e negletto, a bella posta le contravvenivano.

I lavori infuriavano al piano di sotto con un fracasso intollerabile. Uno degli operai cantava a squarciagola, stonando, sempre la stessa canzone, fra le proteste chiassose degli altri. Nella strada, una betoniera gemeva e rumoreggiava, a ondate; un motore scoppiettava, una carriola carica di malta andava e veniva cigolando. Il profumo di miele dei pitosfori, l'essenza balsamica delle conifere, l'odore penetrante della salsedine, erano sopraffatti dalle esalazioni delle vernici e dei solventi, dagli effluvi opachi del cemento e della calcina. Con quel ritmo frenetico, i lavori sarebbero ben presto finiti. E dopo?

A un tratto le venne in mente che fratello e sorella sistemassero la casa per passarci essi stessi l'estate. Provò un improvviso sollievo, sembravano ben educati, forse se la sarebbe cavata. Venne un accordatore, una mattina: quel fastidioso percuotere i tasti alla ricerca della giusta intonazione le parve la conferma indiretta che la casa sarebbe stata usata da loro, non affittata a estranei. Ma il sollievo durò poco: avranno pur avuto una moglie, un marito, dei figli, quei due, e magari amici dei figli, una tribù di ragazzini rumorosi e noncuranti del bisogno di quiete di un'anziana signora, avrebbero invaso la casa, il giardino, la spiaggia, il mare.

Sorprese la donna che al tramonto camminava lenta lungo la riva, assorta, a testa china, ravviandosi stancamente i capelli. Per la prima volta aveva notato che indossava vestiti informi e incolori che la invecchiavano e la rendevano goffa. Con la punta della scarpa sospingeva conchiglie che affioravano dalla sabbia, si chinava a raccogliere un sasso, lo nettava della rena con gesti carezzevoli, minuziosi, come se fosse un oggetto prezioso. Di tanto in tanto sostava a braccia conserte e fissava la lastra turchina. Si fermò di fronte al cancelletto spalancato, abbracciandosi le spalle. Sgomenta, Melania si accorse che piangeva silenziosamente, come una bambina ferita che non si aspetta consolazione. Il suo sguardo smarrito vagava tra il giardino e le finestre del piano terreno. A un tratto, per quelle lacrime, intuì che proprio là, in quella casa, sua madre aveva patito l'affronto. In quella casa, sotto gli occhi atterriti di lei e del fratello ancora ragazzi, era esplosa la passione del padre per la giovane domestica. Non l'aveva più incontrata. In paese, la pescivendola aveva sibilato a una cliente: "È sparita, quella là, la casa in piazza non gliel'ha lasciata, e nemmeno quella al mare, solo dei gran soldi si è presa..." . Nient'altro. Che cosa era successo esattamente, tanto tempo prima, nella villetta sul mare? I paesani di una certa età dovevano essere stati testimoni del dramma, i due ragazzi si erano schierati con la madre contro il padre, così avevano detto al funerale. La madre era stata sconfitta dalla rivale più giovane: il marito l'aveva cacciata? Dove era andata a finire? I figli di certo l'avevano seguita, lontano da lì, dalla casa del padre, dalla gente pettegola e maligna. Dovevano aver avuto una vita infelice, segnata da quel ripudio, dallo strazio e dall'umiliazione della loro madre. Dov'era, adesso? Si convinse che fosse morta, di dolore probabilmente. Come dovevano averlo odiato, i due figli, quel padre che non aveva esitato a devastare le loro esistenze.

La donna si asciugava la faccia rigata di lacrime con il dorso della mano. Rientrò in casa attraverso il giardino, curva, come se ancora fosse schiacciata dalla pena di un tempo.

Melania era rimasta seduta sulla terrazza a fissare il mare che affondava nel crepuscolo. Non aveva voglia di cenare alla trattoria sul porticciolo, avrebbe cucinato una frittata e bollito due zucchine.

Le esistenze lacerate di quegli estranei avevano toccato la sua e l'avevano contagiata della loro sofferenza. Quell'angolo che appariva colmo d'incanto, vivo di una perfetta armonia, riparato dalle correnti dell'imprevisto e dalle zannate dell'inconsulto, era stato invece teatro di crudeltà inaudite. Ora si rendeva conto di essersi tenacemente difesa dalla minaccia dell'invasione altrui, dal timore di essere costretta a sapere, trascinata a partecipare. Aveva soffocato la propria curiosità per conservare a tutti i costi una pace che ora si rivelava fittizia. Si sentiva sbagliata e ridicola, una donna anziana, solitaria, diffidente, concentrata su di sé, occupata a godere dei suoi piccoli privilegi e piaceri.

A oriente era sorta la luna piena, i raggi disegnavano sulle onde una scia irrequieta di liquido metallo. Si alzò a fatica dalla sdraio, mangiò svogliatamente, scese a fare due passi.

Il giardino impolverato splendeva bianco sotto la luna. I flabelli delle palme frusciavano alla brezza notturna. "Non ci sperare," disse al giardino, "le cose sono disperatamente complicate, temo di non poter fare niente per te." Un assiolo dalle colline lanciò brevi grida. Chiù, chiù, chiù.

I lavori al pianterreno erano finiti, gli operai se n'erano andati, due donne avevano ripulito l'appartamento per due intere giornate. In confronto al frastuono precedente, il loro cicalare era stato un vero ristoro. Fratello e sorella erano partiti, per qualche giorno la casa era rimasta chiusa. Il giardino non era stato toccato, un forte vento di ponente aveva spazzato la polvere bianca che lo ricopriva. Era tornata la calma e il silenzio.

Non era stata presente all'arrivo. Al ritorno dalla passeggiata mattutina, aveva scorto nel giardino la figlia dell'avvocato insieme a una vecchia signora dai capelli candidi. S'era fermata interdetta. Chi era? Un'avanguardia dei nuovi inquilini? Perciò non si era sbagliata, pensò, e un impeto subitaneo di collera le accelerò il respiro. La donna l'aveva vista e l'aveva chiamata: "La prego, venga, voglio presentarle mia madre".

Melania provò un urto in pieno petto. Dunque era viva.

Come aveva potuto non pensarci? Si avvicinò a passi rapidi, il cuore le tuonava nelle orecchie. Sorrise, stupefatta e confusa. La vecchia signora le aveva teso la mano e le aveva puntato addosso gli occhi pungenti e animati. Un po' troppo animati, le era parso. "Mia madre passerà l'estate qui," disse la figlia. "Era la sua casa, sa, vi manca da molti anni, ma è voluta tornarci per forza, non c'è stato modo di dissuaderla. Io e mio fratello verremo spesso a trovarla." Rivolse alla madre un sorriso carico di apprensione. "Già, è proprio la mia casa," esclamò la vecchia signora con voce squillante. "Così ripulita, è molto più bella di quando l'ho lasciata, di come la ricordavo. Il giardino invece è molto malridotto, ha urgente bisogno di cure energiche. Ci sono ancora gli attrezzi, Matilde?"

"Mamma!" implorò la figlia, "ti ho detto che manderò un giardiniere. Perché non vuoi convincerti che non puoi fare tutto da sola?" La madre protestò con veemenza, la figlia scosse la testa, scoraggiata. "Ha preteso che lasciassimo il giardino così com'era, si è fatta promettere che non l'avremmo toccato, vuole pensarci lei e guai a chi la contraddice." Sospirò. "Sa," aggiunse, "ha un fantastico pollice verde, a quel tempo il giardino era bellissimo."

La vecchia signora si muoveva fremente e concitata tra le aiuole e i vialetti, con improvvisi scoppi di voce, esclamazioni, risatine esilarate, gesti impetuosi, eccessivi. Mostrava una vivacità di modi singolare per una donna della sua età, a scatti, come un giocattolo caricato a molla, una mimica bizzarra, sovreccitata. "Qui," proclamava a voce troppo alta, additando con il braccio teso e l'indice puntato, "qui c'erano le verbene, una bordura di verbene variopinte, rosa, fucsia, porpora. Dietro, c'era una fila di petunie a fiore semplice, sono più belle e più profumate delle altre e fioriscono in abbondanza se si ha l'accortezza di tagliare gli steli dopo la prima fioritura. E dietro, contro il muro, piantavo le bocche di leone giganti, sono robustissime e crescono fino a sessanta centimetri. Concimavo le aiuole con il letame di cavallo, me ne facevo portare un carretto colmo all'inizio della primavera, e ben stagionato, per questo il mio giardino era così rigoglioso. E da questa parte, a ridosso della parete, c'erano le rose Polyantha, se si potavano con cura a fine inverno, fiorivano ininterrottamente da maggio a dicembre. E qui le rugose Hansa rosso magenta, erano uno spettacolo nel pieno della fioritura. In questa zona riparata avevo piantato le rose di Damasco. Crescevano bene, le rose, in pieno sud, perché erano protette dal maestrale. Bisogna saper scegliere il posto giusto per ogni specie di pianta: ci sono le piante che amano il pieno sole e le piante che amano l'ombra, quelle che vogliono il terreno sabbioso e quelle che preferiscono il terreno grasso. Non si possono piantare a casaccio. È anche vero che ci sono piante delicate che stentano a crescere ovunque e ci sono invece quelle più rustiche, con poche pretese, che si adattano a qualsiasi esposizione e a qualsiasi terreno. Le piante sono come gli esseri umani, hanno caratteri diversi le une dalle altre, alcune soffrono per la minima cosa, altre invece sono resistenti e superano qualsiasi avversità."

S'era interrotta e s'era chinata tra gli sterpi, li aveva scostati e aveva liberato i fusti di un cespuglietto stento.

"Oh! Bravo, bravo!" aveva esclamato, con voce vibrante di gioia. "Ci sei ancora! Sei sopravvissuto tutti questi anni!" Accarezzava amorevolmente un piccolo ibisco rachitico dalle foglie clorotiche. "O forse non sei tu, è un tuo fratello minore... chi lo sa, è passato tanto tempo... Stai tranquillo, ti aiuterò a crescere, ora ci sono di nuovo qua io... E qui, un anno sì e uno no, piantavo le violacciocche cremisi doppie, a febbraio preparavo il semenzaio nelle cassette e quando erano alte abbastanza, mettevo le piantine a dimora. Nelle notti di maggio il profumo delle violacciocche era così intenso che sovrastava persino quello acutissimo dei pitosfori. Stordisce fino a far venire il mal di testa, il profumo delle violacciocche. E qui, dalla spiaggia, s'infiltravano le portulache, strisciavano sotto il cancello e s'insediavano nella sabbia: erano rosa ciclamino, rosso geranio, giallo zolfo, una festa di colori. Farò in modo che torniate, mie care, ve lo prometto, vi spianerò la strada, vi attirerò nel mio giardino, come allora..."

Melania fu sul punto di parlare dell'intenzione che aveva coltivato e di offrire la propria collaborazione per rimettere in ordine il giardino selvatico. Ma si trattenne, non voleva essere troppo precipitosa. C'era qualcosa, nell'irrequietezza e nella concitazione della vecchia signora, che la impensieriva e la induceva alla prudenza, qualcosa che si rifletteva nello sguardo allarmato della figlia che seguiva i suoi agitati andirivieni.

Si rivolse a Melania, abbassando la voce. Disse che si sarebbe trattenuta solo pochi giorni, poi sua madre sarebbe rimasta sola. Era lei stessa a volere così, non avevano osato contrariarla più di tanto. D'altra parte, era convinta che non le sarebbe potuto succedere niente di peggio di quello che le era già successo lì. Bisognava costringersi ad avere fiducia in lei, altrimenti la si sarebbe resa vittima una seconda volta. Del resto, come poteva constatare, si era miracolosamente conservata lucida e ragionevole, a parte qualche piccola, innocua eccentricità, nonostante tutti gli anni passati là dentro.

Là dentro dove? si chiese Melania interdetta. Ma subito capì e l'orrore le mozzò il respiro. Una vampata le salì al viso, il sangue prese a rombarle nelle orecchie. Si portò le mani alle guance. La realtà si stava rivelando più tragica di qualsiasi ipotesi. All'improvviso le allusioni della gente al funerale dell'avvocato acquistavano un senso compiuto. Attese con un tremito di spavento che la risposta alla domanda che le urgeva sulla lingua scaturisse dalle parole della figlia.

"Avrà sentito raccontare la storia in paese, immagino," proseguì la donna. "Tutti sanno com'è andata, tutti ne hanno parlato e ancora ne parlano. Noi figli non avevamo ancora vent'anni. È proprio qui che è accaduto. A distanza di tanto tempo, non posso ancora parlarne senza piangere. Con tutto quello che ha patito in questa casa, pensavamo fosse l'ultimo posto in cui avrebbe voluto tornare. E invece no. È stata irremovibile. Come se volesse ricominciare da capo, dal momento e nel luogo in cui la sua vita è stata interrotta. Io e mio fratello, per quanto abbiamo tentato, non siamo riusciti a ottenere che uscisse, finché è stato vivo nostro padre. La potestà maritale... la legge a quel tempo non lo permetteva. Era stato lui a farla rinchiudere e perciò ci voleva il suo consenso. Ma lui rifiutava di darlo, nonostante tutte le nostre insistenze: gli abbiamo scritto, siamo andati a parlargli, lo abbiamo insultato, minacciato, implorato, ma è stato inflessibile. Da un certo momento in poi, non ha più voluto riceverci. Era un despota crudele. Ora, forse, in campo psichiatrico, le cose stanno cambiando..." Sospirò, affranta.

"Sembra perfettamente normale," sussurrò Melania con la gola stretta.

"Appunto," disse Matilde. "La tremenda ingiustizia, la brutalità di tutto questo... Come si può arrivare a tanto? Era del tutto indifesa, capisce?" Le lacrime le bagnavano le guance.

"Li ha sorpresi insieme in camera da letto, nella *sua* camera da letto, non l'avevano sentita rientrare. Ha urlato, ha urlato... come un animale ferito a morte... per farla smettere mio padre l'ha picchiata selvaggiamente. Lei ha rovesciato i mobili, i tavoli, le sedie, ha spaccato tutto quello che le è capitato a tiro, c'erano cocci dappertutto, ha rotto persino i vetri delle finestre, li abbiamo fatti riparare solo ora... Chiunque l'avrebbe fatto, al suo posto. È bastato quello, capisce, per dichiararla pazza, pericolosa per sé e per gli altri. L'hanno portata via con la camicia di forza, noi ragazzi eravamo presenti, non potrò mai dimenticare le sue grida..."

Si soffiò il naso, si asciugò gli occhi, gettò uno sguardo colmo di affetto alla madre che, accovacciata, strappava erbacce dalle aiuole sul lato opposto del giardino. Poi aggiunse: "Può capire, ora, fino a che punto noi figli abbiamo odiato nostro padre? Tanta crudeltà, tanta efferatezza non era affatto necessaria, lei se ne sarebbe andata spontaneamente, insieme a noi, bastava lasciargliene il tempo".

Fece una pausa, sospirò e disse: "Se lei fosse così gentile da tenerla d'occhio, quando io non ci sarò...".

Fu il pianoforte a svegliarla. Si rizzò di scatto sul letto, tese l'orecchio. Riconobbe una ballata giovanile di Brahms. Dalle persiane filtrava la luce lattiginosa dell'alba. Melania si alzò senza rumore, spalancò la finestra, si appoggiò al davanzale. Anche le finestre del pianterreno erano aperte. Il mare era grigio e azzurrino, percorso da striature pallide, piccole onde tranquille lambivano la sponda deserta. Il giardino selvatico, quieto e immobile nell'aria senza vento, riluceva della guazza notturna.

Il tocco delle dita della vecchia signora sulla tastiera era esitante, di tanto in tanto interrompeva una frase musicale su una nota sbagliata, si correggeva, riprendeva dal principio, s'inceppava di nuovo e di nuovo ricominciava, come una scolara ostinata. Era tornata docile all'antica passione, disseppelliva i suoi talenti ossidati dal tempo, si metteva alla prova, sfidava se stessa. Quanto aveva avuto ragione a pretendere di restare da sola nella sua casa: la figlia era appena partita e lei riprendeva il filo di se stessa. Era un miracolo che non si fosse spezzato in tanti anni di segregazione. Come le era riuscito di vivere reclusa, in mezzo alla follia degli altri, senza diventare folle lei stessa? Come aveva potuto preservare l'equilibrio della sua mente? La immaginava aggirarsi altera e disperata tra mura bianche e senza appigli, testarda e irriducibile nel suo sdegno muto. Non doveva essersi mai piegata, come ora non si piegava all'incertezza delle sue dita sui tasti. Perché via via il tocco si era fatto più sicuro, era bastato il contatto con lo strumento perché le sue mani ritrovassero l'antica sapienza. Il sole apparve dietro le colline al limitare del golfo, il mare di colpo scintillò, si alzò una brezza leggera a corrugarne la superficie.

La vecchia signora aveva suonato per un'ora e mezzo,

sempre la stessa sonata di Brahms, finché aveva raggiunto la pienezza sonora, la nitidezza di esecuzione che andava inseguendo. Allora ricominciò per l'ultima volta, il suono del pianoforte s'era fatto squillante, vittorioso. Quella era gioia di vivere, pensò Melania con un empito di ammirazione. Poi era cessato. Si udiva solo lo sciacquio sommesso di una tenue risacca. Restò a lungo a contemplare la distesa irrequieta.

Alle otto, mentre sorbiva il caffè sulla terrazza e il sole era già alto, la vecchia signora uscì di casa avvolta in un accappatoio di spugna, attraversò il giardino, raggiunse la spiaggia, si spogliò. Indossava un costume da bagno nero di foggia antiquata, un po' slabbrato, che le andava largo. Ritta di fronte al mare, alzava e abbassava le braccia con ritmo regolare e movimenti energici, respirando profondamente. Dopo un quarto d'ora di ginnastica, calzò una cuffia di gomma arancione, percorse la spiaggia a passi decisi, entrò nell'acqua bassa, camminò finché le arrivò alle cosce, poi si tuffò. Si diresse verso il largo con bracciate vigorose e regolari. Nel mare deserto, la cuffia arancione rimpiccioliva a vista d'occhio. Di tanto in tanto sostava, poi proseguiva verso il mare aperto. A un tratto scomparve. Melania provò un tuffo al cuore, inforcò a precipizio gli occhiali e scrutò ansiosa la superficie dell'acqua. Respirò di sollievo: la cuffia arancione era là, un puntolino mobile appena visibile per la distanza.

Inquieta, scese anche lei sulla riva. Restò ritta, con i piedi nell'acqua, a tenere d'occhio la macchiolina colorata che si spostava lentamente e ogni tanto scompariva. "Perché non torna?" si chiese con apprensione. "Non nuota da molto tempo, è imprudente." Rimase a sorvegliarla, pronta a buttarsi in acqua al minimo segno di difficoltà.

Finalmente la cuffia arancione smise di allontanarsi, cambiò direzione. Ora procedeva parallela alla spiaggia, incontro al sole. Melania, calata la tensione, sedette sulla sabbia già calda senza perdere di vista la testa della vecchia signora. Si sentì molto sollevata quando vide la cuffia dirigersi lentamente verso riva. Sorrise, senza rendersene conto. Sentiva una leggerezza inconsueta, una specie di irragionevole allegria. Un merlo cinguettava nella macchia alle sue spalle, un calabrone a strisce brune e sulfuree ronzava su un cespuglio di ginestre, il sole scottava amabilmente sulla pelle.

Uscì grondante dall'acqua, il corpo asciutto e rugoso livido di freddo. Salutò Melania con un largo gesto cordiale. "L'acqua è bellissima," disse. Batteva i denti, sbuffava, tossiva, mentre si massaggiava energicamente con l'accappatoio. Si strappò la cuffia dalla testa, scosse i capelli, se li ravviò con le dita, sedette sulla sabbia, cominciò a spalmarsi sulla pelle una crema solare. "Non prendo sole da quasi vent'anni," osservò ridendo, "non vorrei proprio bruciarmi. Quanti chilometri avrò fatto, secondo lei? Non ho più il fiato di allora, è naturale, gli anni sono passati e per di più sono fuori esercizio. Ma migliorerò presto, glielo garantisco. Allora nuotavo per quattro chilometri ogni mattina, sa?"

Rise di nuovo, strizzò le palpebre, ammiccò, con un lampo d'ironia nello sguardo. "Tutto è successo proprio al ritorno da una lunga nuotata, lo ha saputo? Una nuotata meno lunga del solito, sfortunatamente." Rise. "Formidabile," pensò Melania sbalordita, stava ridendo di se stessa. Non attese risposta, si stese sulla sabbia, chiuse gli occhi. Di lì a poco aggiunse, ridacchiando: "Una nuotata fatale, si può ben dire. Non trova?".

Restò a lungo in silenzio. Ma non dormiva, notò Melania, le sue dita giocherellavano con la sabbia. All'improvviso disse: "Spero che il pianoforte non la disturbi, a un'ora tanto mattutina". Melania si affrettò a rassicurarla, anche lei amava alzarsi presto. E poi le sonate di Brahms erano tra i suoi pezzi preferiti. La vecchia signora sorrise e annuì con espressione compiaciuta.

Ci fu un lungo silenzio, pensò che si fosse addormentata. Il suo respiro era calmo, un leggero sorriso le distendeva le labbra. Passò ancora del tempo. Era rasserenante starsene allungata al sole a occhi chiusi, senza parlare, accanto a una vecchia signora che la vita aveva tanto ferocemente offeso, una vecchia signora saggia che vi riapprodava ingorda dopo tanta forzata assenza e, semplicemente, le impartiva una grandiosa lezione di coraggio. Si chiese come fossero state le albe, le mattine dei suoi risvegli *là dentro*, fra le alte mura bianche, per tanti anni, si chiese che cosa l'avesse sorretta perché non si perdesse. Chissà. C'era tutto il tempo per saperlo.

Sussultò quando la voce di lei ruppe all'improvviso il silenzio. "Che ne direbbe," le chiese, "di aiutarmi a rimettere in ordine il giardino? Le farebbe piacere?"

6.

LA GITA

Cara Edvige,

è un vero peccato che tu non possa essere della partita, anche Emilia mi ha raccomandato di esprimerti il suo rammarico e, a suo modo, pure Camilla l'ha espresso, quando gliel'ho riferito. Ci rendiamo conto che per te questo momento non è il più adatto per occuparti del suo problema insieme a noi, così come ci eravamo a suo tempo ripromesse, dato che il parto della tua nipotina si sta avvicinando e tu, che la ami molto, come è bello e giusto che sia, vuoi esserle accanto.

È magnifico che sia stata Alberta stessa a chiederti di stabilirti a casa sua in questo scorcio di attesa, mentre sua madre sopraggiungerà solo all'ultimo momento. Tra te e tua nipote c'è quel rapporto disteso e intimo consentito dalla quotidiana familiarità ma privato del capestro della responsabilità che rende i genitori così intrusivi verso i figli. Miracolosamente, tua figlia Maddalena non si offende della dichiarata preferenza di sua figlia per la nonna; chissà, forse ne prova addirittura sollievo. Così, sarai tu ad accogliere la tua prima pronipote.

Ai nostri tempi, se ci avessero detto che si sarebbe potuto conoscere in anticipo il sesso di un nascituro, ci saremmo fatte delle pazze risate, almeno quante ne facevamo sulla lettura del futuro nelle carte o nel palmo della mano. Siamo sempre state scettiche, disincantate e beffarde tutte e quattro, cara Edvige, il che allora non era affatto frequente per delle ragazze. Ti ricordi come ridevamo di ogni cosa? In primo luogo di noi stesse, e anche della vuota banalità delle tradizioni, sebbene alla fine qualcuna ne abbiamo rispettata. Sempre con un certo distacco, però, un distacco salutare consentitoci dalla forza del sostegno reciproco, dal rispecchiarci l'una nell'altra e da quella accettazione senza limiti e riserve propria delle vere amicizie. La nostra è nata sui banchi del ginnasio Cavour. È stata un dono cui ognuna di noi ha aggiunto sale per dargli sapore e lievito per farlo crescere fino alla nostra vecchiaia. Ora, in un certo senso, nei confronti di Camilla, si tratta anche, fra molto altro, di non onorare una tradizione, non trovi?

Sono felicissima dell'arrivo della piccola Elisabetta e siamo già d'accordo con Emilia che, non appena avremo risolto la questione di Camilla, verremo insieme a festeggiarla. Che sia la benvenuta tra noi, cara la mia bisnonna, e che tu possa godertela per molti e molti anni ancora, in piena salute fisica e mentale. Salute che purtroppo è negata alla nostra amatissima Camilla.

Lei è sempre stata la più brillante tra noi quattro, lo sappiamo benissimo, ed è perciò ancora più doloroso che sia stata colpita tanto crudelmente. La sua intelligenza era così tersa, così scintillante! Aveva quella singolare capacità delle persone di grande talento di scrutare impavida ogni fatto, fenomeno, idea, come se nessuno l'avesse mai fatto prima di lei e di cogliere al volo la minima crepa. I suoi originali punti di vista li faceva ramificare, fiorire e fruttare per poi offrirli agli altri con la grazia suprema di un saltimbanco. La sua ragione inflessibile era alla ricerca incessante, fervida e caparbia della verità.

In questo istante, te lo confesso, ho provato un soprassalto doloroso, come un urto in mezzo al petto, perché mi sono resa conto che sto parlando di Camilla al passato, come se lei non ci fosse più. È terribile dover riconoscere che lo si fa automaticamente quando ci si riferisce a una persona nel suo stato.

Quanto ha dato Camilla a noi tutte, quanto ci ha sollecitato, stimolato, divertito! Così è una mente creativa, proprio così. Anche da anziana, è rimasta una ragazza: una ragazza impetuosa e appassionata. Ti ricordi la poesia di Evtušenko che ci recitava spesso? "In vecchiaia è più difficile essere giovani se avete tardato a esserlo nella vostra giovinezza." Ti ricordi la sua testa candida, eretta e fiera, i capelli sempre arruffati, lo sguardo diritto, pungente e talvolta insolente, prima che il fulmine la colpisse? Esprimevano un'indomita giovinezza, non la decadenza. Camilla ha sempre posseduto la somma intelligenza di vita che consiste nel rinnovarsi. Citava di frequente, negli ultimi anni, ridendo di quel suo riso luminoso e fragoroso, un poeta turco, un certo Hikmet, Hakmet o qualcosa di simile, un perfetto sconosciuto peraltro, che diceva: "Il miracolo del rinnovamento è il non ripetersi del ripetersi".

Certo, a vederla ora, si fa fatica a credere che il suo nome stia in tutte le bibliografie internazionali di ellenistica. Lo sapevi? Io no, è stato mio figlio a informarmene di recente. Una vera autorità scientifica mondiale. Naturalmente tutte noi eravamo consapevoli di quanto fosse nota e apprezzata, ma essendo lei tanto modesta nella sua grandezza, non eravamo a conoscenza di quanto il suo valore fosse ovunque riconosciuto.

Siamo state a trovarla, Emilia ed io, come ti ho detto al telefono. Non ho avuto il tempo di metterti a parte di ciò che abbiamo notato nel corso della visita, né di illustrarti nei dettagli il nostro progetto, perché, all'improvviso, è rientrata mia figlia Adelaide. Avrai notato, suppongo, che di punto in bianco ho cominciato a parlare a vanvera e a smozziconi, ma non sono riuscita a liberarmi di lei e a richiamarti. Lì dove sei c'è Alberta e quindi nemmeno tu sei libera di parlare. Non è soltanto per questi inciampi comunicativi che ti scrivo, ma perché ho bisogno di ricordare e di riflettere insieme a te.

Adelaide è ancora qui, partirà soltanto tra qualche giorno, e perciò l'inciampo perdura. È venuta per convincermi ad andare ad abitare con loro, ha insistito molto e io ho faticato altrettanto a non riderle in faccia. Mi ha assicurato che suo marito e i due figli minori che sono ancora in casa sarebbero felicissimi di avermi. Come spiegarle che io non sarei altrettanto felice di avere loro? Sono bravi, carini e affezionati tutti quanti, ma io non posso vedermi intorno tanta gente e il pensiero di dovermi adattare, alla mia età, a presenze, orari, rituali, interessi e chiacchiere altrui, mi riempie di raccapriccio. Pensano che io sia angosciata dalla solitudine: non capiscono che è la *loro* angoscia che tentano di placare e che non appena si fosse acquietata avendomi sotto controllo notte e giorno, si trasformerebbe in irritazione e insofferenza. Esigerebbero che mi piegassi alle loro regole senza tenere conto delle mie. Alla mia età!

Chissà perché si pensa che i vecchi siano più adattabili dei giovani a nuovi ambienti e situazioni, mentre è esattamente il contrario. Forse perché s'immagina che, pur di non restare soli, siano disposti a umiliarsi fino allo snaturamento di se stessi? Le famiglie sono cannibali: può darsi che io abbia divorato i miei figli, a suo tempo, ma non vedo perché ora dovrei consentire che mi divorino loro.

La presenza di Adelaide qui da me intralcia i miei pensieri e i miei passi: sai benissimo come a noi, vecchie signore solitarie, anche il più amato dei figli turbi le pulsazioni regolari delle giornate. Da un bel pezzo una fase della mia vita si è conclusa e io, come si dice ora con un orribile termine, mi sono riciclata. Molto serenamente. Ne abbiamo parlato tante volte insieme, ti ricordi?, ma ci fa bene riparlarne quando certe richieste si fanno pressanti. Dopo il primo sgomento di fronte al vuoto di una casa da cui i figli avevano preso il volo, ho ripreso in mano le redini di me stessa e ho rivolto la mente e il cuore altrove. Loro non avevano più bisogno di me e io ho scoperto con stupore e sollievo che non avevo più bisogno di loro. C'è stato ancora Giovanni, per un po', e poi anche lui mi ha lasciata. Come Francesco ha lasciato te. Quando non sarò più autonoma, prenderò le misure del caso, insieme a te e a Emilia, come abbiamo concordato. Ma ora non è ancora tempo e perciò a che serve pensarci?

Camilla invece ha ancora quel brav'uomo del marito che si occupa di lei con grande dedizione. A molta distanza dal dolore per la perdita di Giovanni, ora penso che per me non sia stato del tutto un male. A te posso dirlo, cara amica mia, perché so che non mi prenderai per cinica, visto che anche tu la pensi come me. Non posso dirlo invece ai miei figli: hanno sempre sospettato di avere per madre una belva. Ma cosa diamine si aspettano dalle madri? Chi lo sa. Da allora vivo come sai, quietamente ma fervidamente per me stessa e la solitudine è una compagna dolce e fedele con cui divido le mie operose giornate. E poi ci siete voi, amiche mie.

Allora, eccoti il resoconto della visita alla nostra cara Camilla.

P.S. Sono stata interrotta dal rientro di Adelaide che ha preteso tutta la serata per sé, così sono costretta a rimandare il resoconto a una prossima lettera. Il tuo giudizio ci è assolutamente necessario. Il nostro patto prevede, come sai, una decisione collegiale.

Ti abbraccio, carissima, e abbraccia per me Alberta e il suo pancione con dentro la piccola Elisabetta.

Caterina

Cara Edvige,

Adelaide è tornata stamattina a casa sua e mi affretto a scriverti. In primo luogo vorrei informarti che, per fortuna, Emilia ha rinnovato la patente in questi anni e guida ogni giorno l'automobile, che ci è indispensabile per il progetto che riguarda Camilla. Io invece, scellerata, l'ho lasciata inavvertitamente scadere tre anni fa e quando di recente me ne sono accorta, per rinnovarla pretendevano che passassi di nuovo l'esame di guida. Ho protestato che io, in questi tre anni, ho guidato l'automobile quasi ogni giorno senza sapere che la patente fosse scaduta e perciò non ho affatto disimparato, la polizia non mi ha mai fermato, non ho provocato incidenti di sorta, ci vedo benissimo da lontano e questo è l'importante, dato che l'automobile è un attrezzo che si muove a una certa velocità. Ho detto che dovevano smetterla di emarginare i vecchi e ridurli a una vita miserabile a causa dei loro pregiudizi, quando è assodato che non siamo noi a provocare incidenti, ma ragazzotti irresponsabili in pieno possesso della giovinezza e della vista. La signorina allo sportello è impallidita, ha detto che con la patente scaduta avevo rischiato la prigione. Che esagerazione! Credo l'abbia detto solo per spaventarmi. Le ho fatto osservare che alla mia età, settantasette anni, non si va più in prigione neanche per omicidio plurimo, figuriamoci per una patente scaduta. Ma lei ha precisato che bisogna avere ottant'anni compiuti per godere dell'impunità. Sarà vero? L'ho minacciata di continuare a guidare senza patente se lei rifiutava di darsi da fare per rinnovarmela, usando magari qualche piccola accortezza verso chi di dovere. Questa volta è diventata blu, deve aver preso il mio suggerimento per un tentativo di corruzione. È stata irremovibile, avrei dovuto ripetere l'esame di guida. Capisci benissimo che non ne ho nessuna voglia: non solo ora le strade sono zeppe di migliaia di nuovi incomprensibili segnali, rispetto al tempo in cui noi abbiamo preso la patente, ma l'esame consiste nel mettere crocette a una serie di quiz. Per esempio, chi ha la precedenza a un incrocio privo di semaforo? E io che ne so. Valuto con un'occhiata, volta per volta, le intenzioni altrui e mi regolo di conseguenza. Finora mi è sempre andata bene, anche se talvolta ho suscitato accese rimostranze da parte di automobilisti poco educati. A ottant'anni riprenderò a guidare senza patente, visto che non rischio più niente, in fondo mancano soltanto tre anni.

Emilia è in regola, come ti ho detto, quindi useremo la sua macchina. Le trattative con Angelo sono state estenuanti, ha fatto molta resistenza, ha ripetuto che Camilla non è in grado di ricevere visite, si stanca molto facilmente, si turba per un nonnulla. Ogni fatica o emozione, dice, potrebbe esserle fatale. Fa vita molto regolare e quieta, con orari severissimi, come ha ordinato il medico. E alla fine è sbottato e ha detto che sua moglie non sopporta che estranei la vedano così com'è ridotta. "Ma Angelo," ho obiettato, "noi siamo le sue migliori amiche! Tu nemmeno la conoscevi e noi eravamo già inseparabili da un pezzo. Lo siamo da una vita intera, come puoi paragonarci a degli estranei?" Forse è lui che non sopporta che altri vedano com'è ridotta.

L'ho sentito molto rigido, al telefono, come se stesse ancora facendo i conti con la furibonda gelosia nei confronti della nostra amicizia. Alla sua età e dopo tanti anni. Non ho mollato, naturalmente, gli ho assicurato che ci saremmo fermate poco, giusto il tempo per salutarla. Mentivo, è ovvio, eravamo intenzionate a restare fino a che lei avrebbe dimostrato di essere contenta di averci con sé. È lei che deve decidere di sé, non lui, e tanto meno un qualunque medico curante.

Siamo andate un pomeriggio, dopo il suo riposino. Hanno un bel giardino nella casa sulla collina, lo sai, un giardino ombroso e profumato dove i merli zufolano tra i rami dei cipressi e dei tigli. Ma lei stava seduta in una poltrona, da sola, nella sua camera al piano superiore che è un po' buia. Non vede mai nessuno. Quando siamo entrate, è scoppiata a piangere a dirotto, un pianto irrefrenabile, da bambina. Angelo era presente e visibilmente contrariato per quell'esplosione di emotività. "Il medico ha detto che va lasciata tranquilla," ha sibilato a denti stretti. E lui esegue, si erge a guardiano delle sue emozioni, quasi che essere vivi non significasse anche emozionarsi.

Anche lui mi fa una gran pena. Al supplizio di chi assiste un inferno nessuno pensa mai. Angelo è sicuramente costretto a sforzarsi di ridurre la sua esistenza entro i limiti degli impedimenti di Camilla: infatti è intristito e immiserito, pover'uomo.

L'abbiamo baciata, abbracciata, accarezzata, coccolata a lungo. Quando le ho chiesto come stava, lei ha ricominciato a piangere e ha risposto: "Male, male, male..." e poi ha ripetuto un'infinità di volte i nostri nomi: "Emilia, Caterina, Emilia, Caterina...". Sembrava incapace di interrompere quella straziante litania.

Angelo era a disagio, quasi non riuscisse a sopportare la primitività di sua moglie, i suoi modi puerili, così stridenti in una persona anziana. Ha detto, in tono molto secco: "Camilla, smettila, comportati bene..." ma lei non gli ha dato retta.

Non ha fatto progressi: nonostante le terapie riabilitative – così le chiamano – non ci sono speranze per la gamba e il braccio paralizzati. È come una bambola rotta, sballottata da una sedia all'altra. Riesce a trascinarsi con grande fatica solo su superfici prive di dislivelli, con l'aiuto di qualcuno o con l'appoggio di uno speciale bastone, tirandosi appresso la gamba morta come un relitto. Scendere o salire le scale è un'impresa quasi disperata che richiede una persona robusta. Eppure, non è stata trasferita al pianterreno. È molto appesantita. Temo si rifugi nel cibo, l'unico piacere rimastole.

Per fortuna a un certo punto qualcuno ha chiamato Angelo e siamo rimaste sole. Allora Emilia e io le abbiamo parlato, molto dolcemente, con tutto il nostro amore, le abbiamo assicurato che eravamo pronte ad aiutarla, le abbiamo ricordato il nostro patto, le abbiamo chiesto se intendeva servirsene e servirsi di noi, se ci aveva riflettuto, se si sentiva pronta. Lei ha annuito vigorosamente, con la testa, con il busto, con il braccio, persino battendo il piede sul pavimento. Ha ripetuto molte volte: "Sì, sì, sì... pronta, pronta..." con un'intensità, una forza, una determinazione... Non c'era possibilità di dubbio sulla sua comprensione di ciò che le andavamo dicendo, né sulla sua volontà. Emilia le teneva stretta la mano sana, io le accarezzavo i capelli, le asciugavo la fronte e le guance madide di sudore. Eravamo tutte e tre così commosse. Abbiamo aggiunto che aveva tutto il tempo per decidere, ma lei ha scosso la testa con disperazione, ha detto: "No, no, no" e poi: "Subito, subito, subito...". Ha una voce querula che non ha mai avuto e toni infantili stizzosi. È l'inevitabile regressione indotta dalla sua condizione, credo.

Talvolta reagisce a ciò che le si dice illuminandosi tutta in viso, animandosi, ridendo trionfante, protendendosi verso chi le parla, vibrando in una specie di orgasmo, come se stesse lì lì per riacquistare gli abituali mezzi di espressione e si accingesse a parlare. La veemenza dei suoi gesti, la vivacità della sua mimica sono tali che ti aspetti davvero che si compia il miracolo e che prorompa in un discorso perfettamente articolato. Io la fissavo, incoraggiandola con tutta me stessa, china su di lei insieme a Emilia. Pareva proprio che il tragico blocco avvenuto nel suo cervello stesse per sciogliersi d'incanto e tutto tornasse normale. Invece, al culmine di quella tempesta, le usciva di bocca soltanto una parola chiave ripetuta molte volte, una parola che da sola riassume un concetto, una situazione, un'intenzione, così come fanno i bambini quando ancora non sanno parlare bene. Pareva un preludio, e invece era tutto lì. Gli occhi le si riempivano di lacrime, rinunciava, scuotendo la testa e sul suo viso devastato si diffondeva lo strazio di chi è prigioniero della propria impotenza. Scuote la testa nel diniego come se avesse il collo spezzato. Tu l'hai vista, Edvige, insieme a noi, poco dopo che aveva avuto l'emorragia cerebrale: ma allora era intontita dai farmaci e pareva assente, ora invece è lucidissima e attenta a tutto ciò che accade o si dice intorno a lei. Nell'impossibilità di comunicare altrimenti, la sua mimica è diventata così espressiva, così eloquente, da non dar luogo a equivoci o fraintendimenti.

"Ti aiuteremo, Camilla," le abbiamo detto, "staremo con te, ti porteremo con noi, puoi contare sulle tue amiche..." Lei ripeteva: "Sì, sì, sì," ridendo e piangendo, come chi sia stato lì lì per annegare e si trovi accanto, insperato, un braccio amico che lo sorregga. Eravamo sconvolte.

Di lì a poco Angelo è risalito. Tu sai quanto sia sempre stato docile e remissivo nei confronti di Camilla: se non fosse stato così, dubito che il loro matrimonio sarebbe durato tanto a lungo.

Lei è sempre stata uno spirito libero, orgoglioso, non ha mai tollerato imposizioni, controlli, interferenze e lui si è adattato per l'amore che le portava. O forse la sua indole è proprio questa: ci si accoppia anche per le diversità, non solo per le affinità. Tanto lei era prorompente, tanto lui era mite, tanto lei era protagonista, tanto lui le faceva da spalla. Tutto questo lo sai quanto me, ma te lo ricordo perché adesso tutto si è rovesciato. Lui ha preso il sopravvento e spadroneggia su di lei in nome e per conto della sua salute. Si comporta come se Camilla fosse diventata una bambina deficiente, solo perché non riesce più a parlare. A un certo punto gli è scappata una frase rivelatrice, Emilia e io abbiamo avuto un soprassalto e ci siamo fissate negli occhi: rivolgendosi a Camilla che negava caparbiamente i progressi che lui vantava grazie alle terapie, ripetendo con rabbia: "No, no, male, male, male, basta, basta," le ha detto, brusco: "Smettila di contraddirmi, devi fare quello che dico io". Ahimè, le vesti dell'infermiere non sono sempre candide come si vorrebbe.

L'equilibrio della loro coppia, grazie al quale, dopotutto, ha funzionato per più di mezzo secolo, si è spezzato nel momento in cui Camilla è piombata nel bisogno di essere accudita, curata, assistita ed è sprofondata in una dipendenza che non è nel suo carattere, non le appartiene, e che l'ha snaturata a poco a poco, una dipendenza senza ritorno, nel suo stato. Si è instaurato un regime autoritario, da campo di concentramento, in cui il medico curante è il despota che detta le sue regole inflessibili, e Angelo il rigoroso esecutore. Eseguendo, lui si libera in parte dall'angoscia suscitata dall'infermità di Camilla, trova in quelle regole un sollievo al peso delle responsabilità e delle scelte: perché gli danno la certezza (illusoria) di fare le cose giuste per la malata, gli risparmiano di chiedersi che cosa vorrebbe farne lei della propria esistenza, se quella parvenza che gliene è rimasta non venga ancora più mortificata e privata di senso proprio da quelle norme che intenderebbero preservarla.

Camilla cena alle sei e mezzo, come nelle caserme, nelle prigioni e negli ospedali, alle nove è a letto e se ne riparla la mattina dopo alle nove. Le viene imposto di riposare, che ne abbia voglia o no. Le sue giornate trascorrono tra esercizi di riabilitazione motoria e verbale, farmaci a ore fisse, riposo, pasti, pulizia della persona. Il resto è silenzio.

Camilla è incontinente e tale resterà. Riesci a immaginare che cosa rappresenti per lei, per l'integrità della sua mente, per il suo senso di dignità, farsi tutto addosso, accettare di indossare giorno e notte un pannolone, essere pulita e lavata come un neonato? Dentro quel corpo vecchio maneggiato come quello di un lattante inerte, inetto e inconsapevole, c'è intatta l'intelligenza e la sensibilità di una donna originale e unica, la Camilla che conosciamo e amiamo dall'adolescenza, che ha perduto ogni possibilità di manifestarle. Una mutilazione ben più crudele di quella motoria. La sua sofferenza deve essere atroce, è atroce.

Stava scrivendo il suo ultimo libro, quando è successo. Ora dal suo cervello è scomparso ciò che è più prezioso per un essere coltivato, l'archivio del sistema simbolico della scrittura. Camilla non è più in grado di decifrarne i segni, non può più leggere né tanto meno scrivere. Dell'uso di quei simboli lei è vissuta, e ora tutto è svanito in un nulla senza tempo e senza luogo.

Abbiamo parlato con Angelo, dopo, a tu per tu. Siamo state dure, come era necessario. Gli abbiamo detto chiaro e tondo che non intendiamo affatto rinunciare a occuparci di Camilla. Abbiamo parlato anche a tuo nome. Non solo saremmo tornate a trovarla spesso, ma l'avremmo portata con noi a godere delle cose che amava, che ama, la natura, l'arte, la musica. La prendesse come una terapia aggiuntiva, se preferiva, e lo è, fuor da ogni dubbio. Per esempio, l'avremmo condotta a rivedere le abbazie e i conventi dei dintorni, i villaggi, i boschi, i laghi, i corsi d'acqua.

Non sto a descriverti la faccia e lo stupore di Angelo, poveretto, alle prese con due arpie come noi. Ha opposto le prescrizioni del medico: niente scosse, niente strapazzi, niente disordine, niente emozioni. Potrebbe avere facilmente un secondo ictus e sarebbe la fine. Io e Emilia ci siamo scambiate uno sguardo d'intesa.

L'abbiamo tranquillizzato, non siamo pazze scriteriate, gli abbiamo detto, amiamo Camilla quanto lui. Sarebbero state gite calme, riposanti, a breve raggio, prive di rischi. "Bisogna dare nutrimento alla sua mente," ha detto Emilia, "altrimenti la sua mente si spegne." È sembrato molto colpito da questa frase. Ha detto che avrebbe chiesto al medico il suo parere. "Vedrai che sarà d'accordo, se non è un cretino," ha concluso Emilia spietata. Lui ha sospirato, ma abbiamo capito che lo farà. Se il medico acconsentirà, la cosa potrebbe risolversi in breve tempo. Naturalmente la riproporremo a Camilla per avere il suo consenso definitivo, potrebbe cambiare idea, ne ha tutto il diritto: è il suo desiderio che conta, non il nostro.

Sono molto triste, Edvige, ho bisogno di tutto il tuo sostegno. Chiamami non appena riceverai questa lettera.

Ci sono segnali sull'imminenza del parto di Alberta? Abbracciala forte per me.

Caterina

Cara Edvige,

Angelo ha appena telefonato. Ha riferito che il medico non si oppone alle gite culturali (così le ha chiamate) che abbiamo proposto per Camilla, purché siano brevi, eccetera eccetera.

Da come parlava, si capiva che lui continuava a essere contrario e solo per onestà aveva chiesto il parere del medico e vi si conformava. Ho esultato. Suppongo che lui resti contrario non alle uscite in sé, che lo libererebbero almeno per qualche ora dalle angustie di una totale dedizione alle necessità di sua moglie, ma per l'antica e mai sopita gelosia per il nostro quartetto. Posso capirlo: per quanto devoti appaiano certi uomini, covano comunque dentro di sé il sogno di esaurire ogni bisogno delle loro donne. Gli affetti, i legami, le passioni che esse coltivano, li vivono come una sottrazione ai loro danni di qualcosa che appartiene a loro. La nostra amicizia si è nutrita dei nostri desideri, dei nostri interessi, dei nostri progetti, si è vivificata delle nostre personali risorse: i nostri uomini si sono aggiunti alla già solida costruzione del nostro legame, che ha vissuto di vita propria.

Che cosa saremmo state, cara Edvige, le une senza le altre? Ci siamo date forza e alimento a vicenda, come se un'unica linfa scorresse nelle nostre vene: e non sembra anche a te che, più delle chiacchiere e delle confidenze di sessant'anni, siano state le risate a dare impulso alla circolazione della linfa comune? Quanto abbiamo riso insieme, te ne ricordi? Ma ora non è più il tempo di ridere, ahimè.

Siamo state più che sorelle, perché le sorelle non si scelgono ma ti vengono assegnate dal caso e nulla ti garantisce la minima somiglianza, tranne quella fisica, irrilevante, e spesso neppure quella. Noi invece ci siamo scelte, abbiamo camminato insieme e quando (presto) verrà l'ora di separarci, avverrà un terribile strappo nelle viscere di ognuna, là dove ognuna è penetrata nell'altra e vi ha conficcato robustissime radici.

Sono contenta che tu, al telefono, mi abbia dato la tua approvazione incondizionata al progetto che riguarda Camilla. È stato un grande conforto. Non che ne dubitassi, naturalmente, ma il tempo e la riflessione possono mutare le nostre opinioni. Domani pomeriggio torneremo da lei per avere la conferma ultima e definitiva del suo consenso. E speriamo che il nostro progetto dia i risultati che tutte e tre – no, tutte e quattro – ci auguriamo.

Mi manchi molto, mi mancherai domani e in seguito, cara Edvige, ma capisco che una nascita è troppo importante perché la si perda.

Sii vicina a noi con il pensiero e con l'affetto. Che stupidaggine, so benissimo che ci sarai vicina.

Ti abbraccio con grande slancio e calore.

Caterina

Cara Edvige,

siamo tornate, Emilia ed io, a trovare Camilla. Angelo non era in casa, è arrivato soltanto quando già stavamo per congedarci e così abbiamo potuto parlare tranquillamente con lei.

Le abbiamo spiegato tutto da capo, in ogni dettaglio, e lei ha espresso il suo accordo in modo da non lasciarci il minimo dubbio.

Angelo mi è parso triste, affaticato, bisognoso di consolazione. Non deve essere facile stare accanto a una donna che è solo il simulacro di ciò che è stata. È anche molto solo, Antonia può venire solo di rado a trovare sua madre a causa dei suoi impegni, e Dino altrettanto. Ma Camilla non sembra dolersi troppo della lontananza dei figli. I nipoti sono anch'essi sparsi qua e là, vengono di tanto in tanto a trovare la nonna cui sono affezionatissimi e le scrivono lunghe lettere che Angelo le legge.

Abbiamo concordato di venirla a prendere il prossimo sabato. Abbiamo detto a Angelo che la condurremo a visitare l'abbazia di Albanova, che lei amava tanto (continuo a parlare di lei al passato, è orribile), una meta accessibilissima, vista la distanza breve. Gli abbiamo promesso che saremo di ritorno all'ora di pranzo. Angelo non ha fatto obiezioni, a quel punto pareva persino sollevato.

L'abbiamo abbracciato con grande calore quando ci siamo congedate e Emilia gli ha detto: "Coraggio, so che è durissima per te, ma noi faremo di tutto per esserti d'aiuto, vedrai che tutto si risolverà per il meglio". Mi ha fatto una pena enorme.

Ti telefonerò per raccontarti com'è andata. I tuoi suggerimenti per quel giorno sono preziosi, a certe cose non avevamo pensato, sta' sicura che ne terremo conto. Chiamami non appena Alberta partorisce. Che gli dèi ci proteggano ed esaudiscano i nostri comuni desideri.

Caterina

Cara Edvige,

stamattina alle dieci eravamo già a casa di Camilla. Sono stanca morta, l'età si fa sentire, ma voglio scriverti ugualmente per raccontarti tutto. Sono le nove di sera, qualche minuto fa ti ho chiamato ma non mi ha risposto nessuno. Ho pensato che fossi andata in clinica con Alberta e suo marito, ma non ho il numero per chiamarti là. A quest'ora la piccola Elisabetta potrebbe già essere venuta al mondo.

Dunque, siamo andate all'abbazia di Albanova. È in pianura, come sai, in una conca senz'aria e perciò faceva un caldo dannato. Abbiamo trascinato Camilla intorno alla chiesa, nel prato che in questa stagione è tutto secco, poi all'interno, su e giù per le navate, le abbiamo fatto fare il giro del transetto e dell'abside, abbiamo sostato davanti al battistero e a ognuno degli altari.

C'è un trittico di Giovanni di Paolo, sopra il primo altare a sinistra, non so se te lo ricordi, un battesimo di Cristo col Battista e Santi di squisita fattura. Poi l'abbiamo portata nel piccolo museo adiacente la chiesa, dove sono raccolte alcune sculture lignee di impressionante bellezza – un angelo, in particolare – e molti reperti romani tratti dagli scavi effettuati nei pressi.

Camilla pareva divorare con gli occhi ogni minimo particolare di ogni singolo oggetto, come se suggesse un volto amato per catturarne il carattere più segreto e stamparselo nella memoria. Il suo viso fremeva, trasaliva, vibrava di un'estrema tensione.

Appariva molto affaticata, era affannata e accaldata (e noi pure) ma non si sottraeva affatto alla marcia forzata. È molto faticoso sostenere il suo peso mentre cammina e noi non siamo più giovinette.

A mezzogiorno, in chiesa, c'è stato un concerto d'organo, musiche di Bach, Frescobaldi, Palestrina. Camilla si è appisolata, seduta nel banco, quando ce ne siamo accorte l'abbiamo svegliata e portata fuori, al sole. Ha fumato con evidente piacere un paio di sigarette, è da quando ha avuto il colpo che le è assolutamente vietato fumare. Siamo risalite in macchina e ci siamo dirette verso il ristorante che anche tu conosci, dove avevamo prenotato un tavolo all'aperto, sotto la pergola. Ci hanno servito vino bianco ben ghiacciato, Camilla ne ha bevuti due bicchieri. Anche il vino, gli alcolici e il caffè le sono proibiti.

Appena prima di pranzare, ho chiamato Angelo e gli ho detto che saremmo tornate soltanto nel tardo pomeriggio, avevamo pensato che per Camilla fosse meglio mangiare lì, all'ombra e al fresco, piuttosto che fare la strada del ritorno con il solleone. È apparso molto contrariato, ma l'avevamo messo in conto. Camilla era calma, distesa, sorridente e comodamente seduta, non doveva preoccuparsi. Ho messo giù subito, era inutile prolungare la conversazione. Era previsto che anche lui pagasse un prezzo per questa giornata, solo che non ne era informato.

Abbiamo mangiato cose buonissime ma un po' pesanti: Camilla ha voluto gnocchi al pomodoro e basilico, una costata di maiale alla brace, un assaggio di agnello al forno, fagioli all'uccelletto, insalata di campo, fragole alla panna e un caffè. Noi ci siamo tenute più leggere, naturalmente, specie Emilia che doveva guidare. Abbiamo bevuto quasi due bottiglie di vino bianco e un bicchierino di amaro per concludere. Poi abbiamo fumato a volontà, Camilla compresa.

Nel bagno della trattoria le ho cambiato il pannolone.

Ne avevamo portato un paio di ricambio, come saggiamente avevi suggerito tu. Emilia faceva la guardia alla porta mentre io la lavavo. Era come maneggiare una bimba, provavo commozione e pietà per il modo inerme e fiducioso con cui si abbandonava alle mie mani. La toccavo con tutta la delicatezza di cui sono capace. E mi rendevo conto come possa essere facile spadroneggiare su un corpo impotente e dimenticare che vi abita un'anima vigile. Le parlavo dolcemente, scherzavo un po', perché non si sentisse troppo umiliata. Lei stava appoggiata al bordo del lavandino, aveva la faccia rigata di lacrime. Ha mormorato: "Mai, mai, mai..." e poi: *sfarfalla*. Che cosa avrà voluto dire?

Dopo pranzo ci siamo trasferite nel paesino che si affaccia sulla collina sopra l'abbazia, dove si svolgeva una festa campestre. La gente rideva, cantava e ballava, un vero spasso, ti assicuro. Suonava un'orchestrina di pazzi sconclusionati e stonati, tutti oltre i sessanta. Ci hanno versato bicchieri colmi di un vino rosso del luogo, molto forte e un po' aspro, e offerto dolcetti spaccadenti ma buonissimi. Emilia ha evitato di bere ancora, con suo grande rammarico, solo a seguito delle minacce di guidare io al ritorno, senza patente. Essere arrestate non faceva parte del piano. In compenso, si è lanciata nelle danze più vorticose, invitata da un omino appassionato che a malapena le arrivava allo stomaco. Camilla rideva a crepapelle, era congestionata e sudata e batteva il tempo indiavolato delle polche e delle mazurche con la testa, la mano, il piede. "Bello, bello, bello," ripeteva. Anche lei è stata invitata dall'omino appassionato, ma naturalmente abbiamo dovuto spiegargli che non poteva. Era molto rincresciuta di non ballare la polca: ti ricordi come l'amava, da ragazza, come si buttava al galoppo, a perdifiato, con le sue lunghe gambe da levriera? Abbiamo chiesto che suonassero per lei *Se tu fossi qui con me, Carolina*, quella celebre polca che era la nostra fissazione quando avevamo vent'anni, e lei rideva e piangeva.

Verso le sei abbiamo salutato quella simpatica gente, siamo scese verso il laghetto della Scafa e abbiamo passeggiato a lungo sulla riva. Nella rena umida e compatta è rimasta impressa l'impronta dei nostri passi e, in mezzo, lo sgorbio inciso dalla sua gamba morta trascinata a fatica, con pena. Sembrava la traccia di una zampa d'uccello spezzata, un segno del dolore della mutilazione. Non ci crederai, ma c'erano dei magnifici fenicotteri rosa sulla sponda opposta, che di tanto in tanto infilavano la testa sott'acqua e ingoiavano chissà che.

Il sole era ancora alto e il caldo non accennava a diminuire. Ci siamo levate scarpe e calze e abbiamo sguazzato a lungo con i piedi nell'acqua. Era tiepida e limpidissima, c'erano frotte di pesciolini incuriositi intorno alle nostre gambe. Ci siamo schizzate a vicenda finché siamo state bagnate dalla testa ai piedi, un vero refrigerio. Camilla aveva la gonna e la camicetta fradice e i capelli inzuppati. Siamo rimaste in silenzio sedute a contemplare il lago quieto e deserto che si tingeva del rosa del tramonto. Era il momento del commiato. Camilla mi ha stretto forte una mano, aveva l'aria stremata ma sembrava molto serena. Ha detto: "Grazie, grazie...".

Alle sette e mezzo ci siamo mosse per tornare a casa. In macchina Camilla stava seduta davanti, stretta dalla cintura di sicurezza, accartocciata su se stessa per l'estrema stanchezza. Mi pareva avesse le palpebre abbassate, dal sedile posteriore non la vedevo bene. Credevo dormisse e invece no. A un tratto ha farfugliato qualcosa di incomprensibile, mi sono accostata al suo viso per cercare di afferrare ciò che diceva: ripeteva con la voce impastata quell'unica parola: *sfarfalla...*

Siamo arrivate a casa dopo le otto. Angelo era furente, i muscoli delle guance gli guizzavano sotto la pelle come se stesse per spalancare le mascelle e addentarci. Camilla aveva il viso disfatto, le occhiaie fonde, i capelli scarmigliati, i vestiti da strizzare. Ti risparmio gli improperi di cui ci ha ricoperto Angelo. Ma era nel conto, no?

Ce ne siamo andate, esauste anche noi. Chi saprà per prima, informerà le altre. Abbiamo fatto quello che abbiamo potuto, con tutto il nostro amore. Ora posso finalmente piangere. Soffro di non poter parlare con te, amica mia.

Caterina

P.S. Quando mi hai telefonato stamattina, appena nata la piccola Elisabetta, come ti ho detto non avevo ancora avuto notizie.

Nell'impossibilità di chiamarti nella clinica dove sei perché non ho pensato a chiedertene il numero o il nome e tu a darmeli, ti informo che Angelo mi ha appena comunicato che la nostra adorata Camilla si è spenta stanotte. Ha aggiunto soltanto: "L'avete amata più di me". Bisognerà stargli molto vicino, Edvige.

Vorrei che tu chiedessi a Alberta se acconsente a chiamare Camilla la piccola, come secondo nome. Sarebbe una grande consolazione per noi. Verremo prestissimo a conoscerla.

Non ho chiuso occhio stanotte, e neanche Emilia, e sono distrutta. Un secondo ictus, come si prevedeva, e perciò non ha sofferto. *Sfarfalla*: solo ora credo di capire che cosa Camilla volesse dire.

7.

DI PATTUGLIA

La chiamata era giunta al commissariato intorno alle cinque del pomeriggio. Una collega l'aveva ricevuta e trasmessa alla radio di bordo mentre eravamo di pattuglia in quella zona del quartiere. Chi telefonava era il direttore del supermercato "Al Risparmio" di piazza Re di Roma, il quale schiamazzava come un pollo spennato – così si era espressa – reclamando il nostro immediato intervento perché qualcuno era stato sorpreso a rubare. Aveva insistito invano con il suo interlocutore per ottenere particolari sull'entità e il genere della refurtiva e sull'identità del ladro colto in flagrante, ma colui aveva ignorato le sue domande e, fuori di sé in modo assolutamente sproporzionato all'accaduto, si era intestardito a pretendere che le forze dell'ordine si precipitassero là con la massima urgenza. Ha aggiunto di aver trattenuto il colpevole in attesa del nostro arrivo e ha riattaccato.

Da quando si sono intensificati i furti con scasso negli appartamenti, gli scippi, le rapine a mano armata, il traffico di droga e i sanguinosi regolamenti di conti tra i malfattori del ramo e, non da ultimo, le aggressioni contro gli immigrati di colore, abbiamo avuto ordine di scoraggiare le denunce di reati di infimo conto quali appunto i furtarelli nei supermercati. È stata una decisione sensata, a mio parere, perché si tratta di infrazioni minime, che non destano allarme sociale, ci fanno perdere tempo e distolgono le pattuglie dalla strada, cioè dalla prevenzione e repressione dei delitti ben più gravi che ho elencato. Chi ruba nei supermercati è, in senso sociale, assolutamente innocuo. È passata l'epoca degli espropri proletari (sono troppo giovane per averne memoria diretta) in cui ragazzotti ben nutriti e tutt'altro che proletari razziavano i negozi in nome della lotta al capitale. Chi ruba ora, non è gente spinta dalla miseria, ma nella maggioranza casalinghe infelici le quali, come ci è stato spiegato al recente corso di psicologia del crimine, compensano le frustrazioni di una vita monotona e povera di affetti, con il regalarsi oggetti simbolici sostitutivi dell'amore che non ricevono. Una scatola di cioccolatini farciti alla crema o una confezione di sali da bagno al profumo di gelsomino, pare ripaghino una moglie della plumbea indifferenza di un marito taciturno. Dal punto di vista morale, a rigore, sarebbero perciò i mariti i veri autori di questi piccoli furti.

A ben rifletterci, però, esiste uno stridente controsenso, un vero paradosso, tra l'esiguo valore di queste ruberiole e quello del bene che esse pretenderebbero compensare. Se davvero queste donne attribuissero grande importanza all'amore del coniuge, non dovrebbero piuttosto svaligiare banche, gioiellerie o pelliccerie? Forse non lo fanno soltanto perché quelle sono così efficacemente sorvegliate da esigere faticose rapine a mano armata? Non so, devo pensarci meglio.

Il collega Cipolloni tornava proprio in quel momento da una sosta al bar, fragrante di caffè. L'ho informato della chiamata, ha palpato la fondina della pistola come se si preparasse mentalmente a uno scontro armato, si è messo al volante dell'Alfetta, ha inserito la sirena e si è buttato d'impeto nel traffico del quartiere per trovarsi subito intrappolato nella distesa compatta di lamiere bollenti che ingorgava la via Appia a perdita d'occhio.

Non mi pare di soffrire di mania di persecuzione, ma

ho sempre più spesso l'impressione che gli automobilisti, non appena sentono alle spalle la sirena di un'auto della polizia, invece di facilitarle il percorso, facciano del loro meglio per intralciarlo. Mi capita sempre più di frequente di cogliere, nello specchietto retrovisore delle macchine che ci precedono, lo sguardo ostile o di scherno del guidatore, evidentemente soddisfatto che il traffico riduca all'immobilità e all'impotenza noi al pari di lui.

Credo dipenda dalla scarsa simpatia che la polizia riscuote presso la gente. Non ha tutti i torti, molti di noi sono villani, prepotenti e arroganti. Qualche mese fa abbiamo frequentato un apposito corso di aggiornamento, oltre a quello di psicologia del delitto, per migliorare i nostri rapporti con i cittadini, e imparare a mantenerci cortesi, pazienti e sorridenti anche nelle situazioni più tese. Ma sui colleghi più anziani ha avuto scarso effetto. Cipolloni è uno di questi: è un brav'uomo di buon cuore, ma ha modi rudi e sbrigativi, manca di duttilità e se ne infischia di quello che passa per la testa del prossimo. Quando è alla guida, il suo comportamento uguaglia, se non supera, quello degli automobilisti più strafottenti. Tanto per non smentirsi, a un semaforo è sfrecciato con il rosso, mancando per mezzo centimetro una Mercedes bianca e un'altra Alfetta della polizia. Non ho fatto in tempo a vedere la faccia del conducente della Mercedes, ma ho colto la mano di uno dei colleghi a bordo dell'Alfetta che si disponeva nel segno delle corna. Chissà se anche loro hanno frequentato il corso di buone maniere.

Ho fatto osservare al collega che noi poliziotti dovremmo dare per primi il buon esempio rispettando il codice della strada, almeno quando non si tratta di interventi di emergenza: stavamo solo andando a dare un'occhiata a un ladruncolo, non a inseguire una banda di rapinatori di banche. Mi ha risposto, secco: "Me ne fotto". E poi ha aggiunto, con mirabile senso civico: "Tanto a noi della polizia non ci fa la multa nessuno".

Infrangere le regole della circolazione lo eccita moltissimo; quando invece sono i comuni mortali a farlo, si trasforma in un giustiziere implacabile. Nel nostro commissariato di zona, è l'agente che eleva il maggior numero di contravvenzioni, e se ne vanta. Ha un'ammirazione sfegatata per i poliziotti e per i criminali dei telefilm americani. "Quella sì che è malavita," dice, "la nostra fa solo ridere." Si strugge d'invidia per i colleghi d'oltre oceano perché, dice, frequentano un apposito corso di addestramento alla guida spericolata mentre noi perdiamo solo tempo con i corsi di buone maniere.

Come il traffico ha permesso, siamo arrivati a destinazione. Mentre Cipolloni posteggiava l'Alfetta e comunicava al commissariato la nostra posizione, io sono entrata nel supermercato. Una cassiera mi ha fatto segno di dirigermi sulla destra, all'ufficio del direttore. Ho bussato e la porta si è spalancata di colpo. Prima ancora che avessi il tempo di aprire bocca, un uomo calvo e corpulento di mezza età, con la faccia a chiazze scarlatte, mi ha chiesto a bruciapelo: "Dov'è il poliziotto?".

Adesso sono diventata meno suscettibile e riesco a mantenermi imperturbabile senza sforzi eccessivi, ma all'inizio mi infuriavo. Sembra che la mia divisa sia invisibile, o meglio, che la mia appartenenza di sesso la renda tale. Sembra che la gente non sappia che da un pezzo esistono le donne poliziotto. Oppure, se lo sa, pare curiosamente aspettarsi che non si occupino di reati.

"Il poliziotto sono io," ho risposto con soavità. "Il ladro dov'è?" "Nel magazzino della verdura," mi ha risposto, brusco. Ha preso una chiave in un cassetto della scrivania e, puntandola davanti a sé come un'arma, mi ha imposto, categorico: "Mi segua".

Quella chiave mi ha messo in allarme. Era informato, il direttore, che la legge vieta a chiunque, compreso il derubato, di trattenere chicchessia contro la sua volontà, se per quel reato non è previsto l'arresto, come in quel caso? E men che meno può chiuderlo a chiave in un magazzino della verdura o in qualsivoglia altro luogo? Altrimenti commette a sua volta un reato ben più grave, il sequestro di persona, articolo 216 comma B del codice penale?

Ho seguito il direttore a passo sostenuto attraverso i meandri del suo impero mercantile. Non ero mai entrata nel retrobottega di un supermercato. Ero sbigottita, e per certi versi inorridita, per la quantità smisurata nonché per la varietà di materie commestibili stipate in quell'antro. È terribile quanto si mangia. La luce al neon che pioveva dal soffitto dava a quegli ambienti enormi, spogli e desolati, la tonalità verdastra dell'interno di uno stomaco gigantesco. Che so, quello di una balena, per esempio.

All'improvviso l'appetito, che è un normale bisogno fisiologico degli umani, mi è apparso come un impulso rivoltante, persino osceno. L'idea, altre volte respinta come una definitiva degradazione del nostro tempo, di nutrirci di cibi sintetici in grigie polpette contenenti tutti i principi nutritivi necessari, mi è apparsa seducente come un miraggio. Quello che mi ha soprattutto impressionato fino al disgusto, è stato il magazzino delle carni. Nelle celle frigorifere spalancate c'erano quarti sanguinolenti di manzi e vitelli, maiali interi sgozzati, squartati e decapitati che penzolavano appesi a ganci d'acciaio. Su un tavolo di marmo da obitorio, trippe, fegati, coratelle, budella e altri organi di ardua identificazione, traboccavano da vaschette di plastica insanguinate. Allineate in bell'ordine su un ripiano, c'erano tre teste inespressive di suini le cui fauci socchiuse sembravano sorridere. Accanto, un battaglione di ributtanti polli nudi giallognoli e di tacchini paonazzi di proporzioni colossali, che parevano impiccati appena tolti dalla forca. C'era un macellaio in camice, bustina e grembiulone di plastica bianco lordo di sangue, che infilzava su spiedini di legno degli uccellini violacei spiumati, forse tordi, forse fringuelli o allodole, chissà. Nudi sono tutti uguali. La vista delle loro testine reclinate con i becchi dischiusi e gli occhietti infossati, mi ha contorto lo stomaco in un accesso di nausea. Mi è sembrato di sentire le scricchiolio dei loro ossicini sotto i denti di chi li avrebbe divorati. A un tratto si è levato il sibilo raccapricciante di una lama che segava le ossa dei garretti di un manzo. Ho digrignato i denti per l'orrore. E pensare che gli ossibuchi sono così buoni. Ho pensato che l'eccesso, di qualsiasi oggetto o merce si tratti, è urtante e offensivo: ma l'eccesso di cibo, soprattutto se crudo, è stomachevole.

Per fortuna siamo usciti da quel luogo ripugnante per introdurci in un vasto magazzino sezionato da muraglie di bevande di ogni tipo. Anche qui le quantità soverchianti di bottiglie e lattine mi hanno dato una sensazione di capogiro, ma almeno la vista non era così macabra. Nella parete di fondo dello stanzone, tra gli scaffali, c'era una porta chiusa. Il direttore ha infilato la chiave nella serratura, ha spalancato la porta e mi ha preceduto. Mi sono trovata in un ampio locale con scansie alle pareti gremite di cassette di frutta e verdura. Il pavimento era ingombro di contenitori di plastica vuoti buttati l'uno sull'altro in un mucchio disordinato. Su un bancone sul lato destro della stanza, c'erano pile di vassoietti di polietilene verdi, rosa, azzurri, una bilancia elettronica, due cuffie bianche, una macchinetta a braccio mobile per sigillare a caldo la pellicola. Due cassonetti stracolmi di scarti esalavano un tanfo di marcio che prendeva alla gola. Le lampade erano spente, lo stanzone era malamente rischiarato dalla luce grigiastra che giungeva da un unico finestrone posto in alto, quasi contro il soffitto. Mi sono guardata intorno, ma non c'era nessuno.

Mentre mi volgevo stupita verso il direttore, l'ho vista. Rattrappita su una sedia di metallo, seminascosta dalla mole ferrigna del bancone, c'era una microscopica vecchina che stringeva contro il petto, come uno scudo, una borsa più grande di lei. Sono rimasta attonita a fissarla. Chissà perché non mi aspettavo una ladra, men che meno di età così veneranda. Ciuffi di capelli stopposi si rizzavano sul suo cranio in creste scomposte, qua e là s'intravvedevano chiazze di cute rosea. Indossava una giacchetta nera striminzita, lisa e impataccata e intorno al collo portava una sciarpetta marrone con un vistoso buco nella stoffa sbiadita.

Mi ha colpito al cuore il particolare patetico, straziante, dei suoi piedi che non arrivavano a toccare terra, ma penzolavano inerti nel vuoto, infilati in un paio di vecchie scarpe scorticate che le stavano larghe.

Più che minuta, era inconsistente, senza peso, un gracile uccellino appollaiato su un trespolo. Le spallucce spioventi, le braccia come ramoscelli rinsecchiti, la schiena ossuta e incurvata, la testa spiumata, il viso vizzo e smunto, la rendevano inerme a tal punto da sconfiggere qualsiasi animosità. Come aveva potuto quell'uomo accanirsi contro una creatura così fragile, così visibilmente stremata dalla vecchiaia e dalla miseria? Come aveva avuto l'abominevole coraggio di trattenerla e segregarla in quello stanzone? Mi sentivo soffocare per lo sdegno: non c'era furto che giustificasse una simile crudeltà. Mi disponevo alla battaglia in difesa di quel povero essere macerato dagli anni e dalla vita, contro l'insipienza e la cattiveria del direttore. La vecchina mi fissava in silenzio, spaventata, sbattendo rapidamente le ciglia.

"Ecco, è lei," ha detto il direttore, rabbioso. "In quel sacchetto sul bancone c'è la merce che ha effettivamente comprato e pagato, lì accanto invece c'è quella rubata che le è stata trovata nella borsa."

Le ho sorriso per tranquillizzarla e le ho assicurato che tutto si sarebbe risolto per il meglio. Mi ha lanciato un'occhiata carica di speranza, ma non ha smesso di sbattere le ciglia.

Ho esaminato il contenuto del sacchetto degli acquisti per così dire ufficiali: c'era una confezione di duecento grammi di carne tritata di seconda scelta, di un repellente colore bluastro, piena di grumi di grasso bianchiccio, la quale si è aggiunta agli effetti del percorso attraverso la macelleria per rivoltarmi ancora meglio lo stomaco. Inoltre, c'era un mazzo di bieta a coste larghe, appassita e ingiallita qua e là. Come aveva l'impudenza, il direttore, di chiamare merce quella roba andata a male! Lo scontrino segnava una spesa di duemilatrecento lire. Ho pensato che quella povera vecchina ci avrebbe ricavato due pranzi, forse tre, e il mio sdegno è cresciuto.

Poi ho esaminato la merce rubata: c'era una busta sottovuoto contenente qualche fetta di un esangue prosciutto venato di pallide cartilagini, sinistramente lucenti – spalla cotta, precisava l'etichetta – per l'impressionante importo di lire millecinquecentoquaranta, insieme a un sacchettino di mangime per canarini, peso grammi centonovanta, spesa totale lire millecento.

Ero sopraffatta dall'indignazione. È risaputo che questo sentimento induce pensieri banali, quasi elementari: tonnellate di viveri si ammassavano nelle viscere del suo immondo magazzino e quell'individuo gottoso e ipernutrito perdeva il suo tempo e la sua calma dietro tre etti di "merce" sottratti da una derelitta che probabilmente pativa la fame. Ma come non si vergognava?

"Tutto qui?" ho chiesto, gelida. È stato come se si spalancasse una diga. Mi ha rovesciato addosso un'alluvione verbale che sembrava non avere mai fine. La vecchina lo fissava atterrita, agitandosi sulla sedia. Le sue manine contratte tremavano visibilmente. Ho notato in quel momento che i suoi occhi avevano il colore tenero e delicato della plumbago.

Il direttore ha detto che conosceva benissimo la signora lì presente perché era la dodicesima volta che veniva pescata con le mani nel sacco. Per ben undici volte – undici volte, ha scandito – aveva lasciato correre e non l'aveva denunciata in considerazione della sua età e della evidente precarietà delle sue condizioni, limitandosi a redarguirla e a diffidarla dal ripetere i furti. La penultima volta le aveva detto chiaro e tondo che, se ce ne fosse stata un'altra, avrebbe chiamato la polizia.

E così aveva fatto. Non poteva dire di non essere stata avvertita. A tutto c'è un limite. Non si trattava del valore della merce sottratta, ma del rispetto di un principio. Un furto è un furto, anche quello di una spilla da balia, da qualsiasi ragione sia indotto. E la recidiva costituisce un'aggravante, come aveva spiegato alla signora, perché fosse ben informata di quello che rischiava. Aveva dimostrato di ignorare, anzi, spregiare i suoi ripetuti ammonimenti, e questo lo trovava intollerabile.

Dopo che era stata sorpresa la prima volta, era stata sistematicamente perquisita, perciò anche oggi avrebbe dovuto aspettarselo. Perché aveva continuato a rubare? Era giunta l'ora di darle una lezione che la dissuadesse definitivamente dall'insistere in quella deprecabile abitudine. Un supermercato è un'impresa commerciale, non un ente di beneficenza, come sembrava credere la signora. Lo sapevo io che i furti nei supermercati rappresentano l'uno per cento del fatturato totale? Una cifra ridicola, ho considerato, ma non l'ho detto. E lo sapevo io a quanto ammontava il loro fatturato totale? No, ho risposto, non lo sapevo. "Duemila miliardi," ha sillabato il direttore. "Che significa venti miliardi di furti l'anno." "In questo supermercato?!?" ho chiesto strabiliata. "No, naturalmente," ha chiarito in tono di sufficienza, "nell'intera catena dei nostri supermercati sparsi su tutto il territorio nazionale." Ho tirato un respiro di sollievo.

Non era assolutamente disposto a perdonare la signora per la dodicesima volta, ha concluso con sussiego. Il nostro mestiere è quello di vendere e tutelare i nostri prodotti. Ci aspettiamo che la polizia faccia il *suo* mestiere.

In quel momento è entrato Cipolloni. Gli ho riassunto brevemente l'accaduto, confidando che il suo cuore generoso lo spingesse a schierarsi dalla parte giusta. Ha rivolto uno sguardo alla vecchina rannicchiata sulla sedia, le ha dedicato un cenno cordiale di saluto, le ha sorriso con benevolenza e infine ha fissato negli occhi il direttore, che a sua volta fissava lui, in attesa, immagino, del verdetto di un vero poliziotto, maschio, finalmente. Il collega ha preso in mano le due esigue confezioni di spalla cotta e di mangime per canarini, le ha rigirate per tutti i versi con espressione meditabonda, le ha palpate, annusate, soppesate, ha verificato l'importo di ognuna e alla fine ha riepilogato: "La merce rubata ammonta a lire duemilaseicentoquaranta, salvo errori od omissioni. Che vogliamo fare?".

Il direttore è schizzato su come punto da una vespa e con la voce strangolata dall'ira ha ripreso da principio l'esposizione delle sue argomentazioni, senza risparmiarci di sottolineare ancora una volta la gravità del fenomeno furti nei loro supermercati. (Cipolloni è apparso molto impressionato dalle cifre.) Ha lamentato di sentirsi sbeffeggiato dalla signora, la quale dimostrava una sfacciataggine insopportabile. Se glielo avesse chiesto, lui le avrebbe volentieri fatto omaggio, di tanto in tanto, si capisce, di alcuni dei prodotti in vendita. Invece non l'aveva mai fatto, preferiva rubare invece di domandare, quasi lo ritenesse un suo diritto. Questa improntitudine lo urtava moltissimo. Per di più, quando in precedenza era stata colta sul fatto, non l'aveva mai ringraziato per non averla denunciata, e questa era pura ingratitudine.

Cipolloni, mentre ascoltava con attenzione il direttore, lanciava lunghe occhiate penetranti alla vecchina, come se stesse invano tentando di far combaciare la sua immagine con quella che lui andava dipingendo. Alla fine ha scosso la testa, ha tirato un profondo respiro, ha spostato all'indietro il berretto, si è stretto il mento tra le dita e ha meditato sul da farsi. Io trattenevo il fiato. Dopo un po' si è riscosso, ha infilato una mano nella tasca interna della giacca e ha estratto il portafoglio.

La vecchina non l'aveva perso d'occhio un istante. Con provocatoria lentezza ha contato e ricontato tre biglietti da mille lire, ha riposto il portafoglio nella tasca, li ha ben assestati l'uno sull'altro con colpetti delicati e li ha allungati al direttore dicendo: "Tenga pure il resto". Ho colto al volo una risatella della vecchietta, che ha subito rialzato la sciarpetta sbrindellata a coprirsi la bocca. Ho notato che non aveva più neanche un dente nelle gengive. I suoi occhietti sbiaditi lampeggiavano d'ilarità.

Ne convengo, il gesto di Cipolloni è stato piuttosto avventato. Noi agenti abbiamo il dovere di calmare gli animi nelle situazioni difficili, non di inasprirli. Non sempre ci si riesce, naturalmente, anche noi siamo esseri umani. Quell'uomo era indisponente, testardo e molto antipatico, perciò capisco che un carattere impetuoso come Cipolloni non sia riuscito a trattenere la tentazione di sfidarlo. Purtroppo il risultato è stato pessimo. Il direttore ha buttato sul pavimento i tre biglietti da mille lire, ci è saltato sopra e li ha calpestati selvaggiamente gridando e gesticolando, poi li ha raccolti, li ha strappati a pezzettini e li ha lanciati in aria. Una pioggia di coriandoli è caduta su di noi. Un paio di farfalline sono planate sulla criniera spelacchiata della vecchina.

Quando il direttore è stato in grado di parlare – le chiazze scarlatte si erano allargate sulla sua faccia, una vena gli pulsava sulla tempia in maniera preoccupante – ha urlato che quello era un insulto, lui non si lasciava offendere a quel modo, l'aveva detto e ripetuto che non si trattava del valore venale della merce, ma del principio: e lui quel principio esigeva che noi lo onorassimo stendendo un verbale di denuncia contro la signora per furto continuato. "Sia ben chiaro," ha sibilato sulla faccia di Cipolloni, "sarò irremovibile. È mio preciso dovere tutelare gli interessi dell'azienda che dirigo, così come è vostro preciso dovere incriminare l'imputata, processarla e condannarla come merita."
"Alla ghigliottina," ha soffiato Cipolloni nel mio orecchio.

Abbiamo tentato di dissuaderlo in tutti i modi, ma era più ostinato di un canguro. Sembrava perseguire caparbiamente la soddisfazione, forse a lungo accarezzata e rimandata, di regolare finalmente i conti con la ladruncola.

A quel punto Cipolloni ha avuto un'idea grandiosa, con la quale probabilmente si proponeva di esasperare il canguro fino a indurlo a rinunciare alla sua meschina vendetta. "Va bene," ha detto, "stenderemo il verbale. Ma prima dobbiamo ricostruire per filo e per segno come si sono svolti i fatti. Chi ha scoperto il furto della spalla cotta e del mangime per canarini?"

La sorvegliante venne convocata. Cipolloni spiegò la

scena a lei e al direttore: a lui sarebbe toccata la parte della ladra, l'impiegata invece avrebbe dovuto ripetere l'esatta sequenza dell'accaduto, mentre la signora avrebbe assistito per confermare che i fatti si fossero svolti veramente in quel modo. Era un suo diritto.

Il direttore protestò che, non trattandosi di un assassinio, ma di un furto insignificante, quella ricostruzione era semplicemente una buffonata cui lui non si sarebbe prestato. Il collega osservò che se lui per primo riconosceva l'irrilevanza del reato, perché diavolo faceva tutte quelle storie e non lasciava che quella poveretta tornasse a casa sua? E bravo Cipolloni: l'aveva incastrato in un vicolo cieco.

A grandi falcate, la testa bassa a mo' di ariete, il direttore, seguito da tutti noi, rifece al contrario il percorso iniziale, finché ci trovammo nel bel mezzo dei banchi dell'affollato supermercato. Non appena il nostro codazzo era apparso, i clienti si erano immobilizzati e ci fissavano incuriositi senza capire che cosa stesse succedendo. Il direttore, sempre più infuriato, aveva sputacchiato: "È una pagliacciata". Cipolloni, soavissimo, aveva replicato: "Non dipende che da lei mettervi fine, signor direttore". Non gli conoscevo un vocabolario tanto distinto.

Tolse delicatamente la borsa dal braccio della vecchina allibita e l'appese a quello del direttore, lo fornì di un carrello, lo spinse gentilmente verso il banco dei salumi dove fu indotto a scegliere una confezione di spalla cotta, lo indirizzò verso quello delle verdure dove venne consigliato di prendere un mazzo di bieta. Poi fu invogliato a dirigersi verso la macelleria e pregato di rifornirsi di una confezione di carne tritata di seconda scelta. La sorvegliante, sbalestrata, lo sorvegliava. La vecchina arrancava a fatica, io le reggevo il braccio, leggero come un fuscello. Friggevo di entusiasmo per Cipolloni che aveva abbracciato con impeto la sua causa e mi andavo convincendo che il canguro sarebbe uscito distrutto da quella prova. Da ultimo, venne sospinto con fermezza verso lo scaffale degli alimenti per animali e incoraggiato ad appropriarsi di un pacchettino di semi di miglio che venne fatto scivolare nella borsa insieme al prosciutto cotto. La sorvegliante, interrogata da Cipolloni, annuì con sguardo vacuo: sì, era andata proprio così. Anche la vecchietta assentì.

Sotto la regia di Cipolloni, la rappresentazione raggiunse il suo culmine quando la sorvegliante fu collocata all'esterno di una delle casse e persuasa ad affrontare il direttore che, sotto lo sguardo esterrefatto della cassiera, si era messo in fila. La faccia un po' bolsa della donna s'illuminò: perentoria, consumando chissà quale vendetta personale, gli impose di aprire la borsa, esaminò l'interno e, con un gesto di vittoria, ne trasse la busta di spalla cotta e il sacchetto di semi e li sventolò nell'aria sopra la sua testa. Il direttore era cianotico. Speravo che l'esperienza di essere colto a rubare, sia pure per finta, addolcisse il suo cuore di granito.

Il corteo guidato da Cipolloni raggiunse la direzione. "Allora?" chiese in tono intimidatorio. Ma, al pari di me, aveva calcolato male l'effetto della sceneggiata sulla pelle durissima del canguro, il quale esplose con furia raddoppiata. Reclamò all'istante un verbale di denuncia del furto subìto, altrimenti avrebbe denunciato noi per omissione di atti d'ufficio. Ho fatto molta fatica a trattenere una risata.

Cipolloni si schiarì la gola, lo pregò di sedersi; fece uno sforzo visibile per calmarsi e alla fine parlò. Gli spiegò che la notizia che un'anziana signora in condizioni disagiate veniva denunciata da una multinazionale miliardaria per il furto di qualche fetta di prosciutto e di un cartocetto di semi per il canarino, sarebbe stata pubblicata con grande enfasi da tutti i quotidiani, i quali vanno a caccia di storie lacrimevoli come quella. Lui e il suo supermercato ci avrebbero fatto una pessima figura (di solito dice: una figura di merda). Sarebbe stato assediato dalle televisioni pubbliche e private, da dozzine di giornalisti che avrebbero braccato lui, il personale e i clienti per intervistarli e creato un tale baccano da mettere in gioco reputazione e rispettabilità della sua azienda. Le vendite sarebbero crollate. Chi sarebbe più venuto a fare acquisti in un negozio dove si incriminavano donne anziane che faticavano a mettere insieme il pranzo con la cena? Senza contare la mobilitazione dei sindacati, delle associazioni dei consumatori, della circoscrizione, del comitato di quartiere, delle assistenti sociali, della popolazione tutta. Ne avrebbe tratto una pubblicità così negativa che lui stesso alla fine si sarebbe chiesto se il gioco valesse la candela e si sarebbe risposto di no. La sua azienda sarebbe fallita e lui sarebbe stato licenziato. E poi, non pensava agli effetti psicologici di una denuncia su una persona così in là con gli anni? Avrebbe anche potuto suicidarsi per la vergogna. Ci pensasse bene prima di prendersi questa tremenda responsabilità. E lo sapeva che per reati del genere non si finisce in carcere? Tanto più che la signora era sicuramente incensurata, le avrebbero dato la condizionale e lui avrebbe fatto un bel buco nell'acqua.

Ma il direttore non si lasciò convincere. Ero inviperita perché il canguro alla fine avrebbe vinto. Come potevo sottrargli la sua vittima? mi chiedevo mordendomi le labbra.

Cipolloni, sospirando sconsolato, si accinse a compilare il verbale. La signora si chiamava Aida Proietti, era nata a Palestrina nel 1914 – dunque aveva settantanove anni – era vedova e abitava da sola in un seminterrato di due stanze senza riscaldamento in via Gela numero quarantadue, per il quale pagava un affitto di duecentomila lire al mese. Riscuoteva una pensione sociale di quattrocentocinquantamila lire mensili. La gran parte di quelle notizie era del tutto superflua, ma Cipolloni stava giocando l'ultima, disperata carta, quella dei sentimenti, per indurre il canguro a rinunciare. Come se colui avesse anche solo una pallida idea di che cosa fossero.

È davvero inspiegabile, a ripensarci, come mi fossi fin lì dimenticata dell'articolo 216 comma B del codice penale che all'inizio di quella assurda vicenda mi era subito venuto in mente. All'improvviso, per fortuna, un fulmine mi aveva squarciato il cervello. Ero ancora in tempo. Con un gesto energico interruppi Cipolloni che restò con la biro a mezz'aria. La vecchina alzò vivacemente la testa e mi trapanò con lo sguardo. Il direttore mi spalancò in faccia i suoi bulbosi occhi pecorini.

"Lei è informato," esclamai a voce alta e chiara, "che nessuno può trattenere una persona contro la sua volontà, nemmeno il derubato, se per il reato commesso non è previsto l'arresto, come in questo caso? Lei ha chiuso a chiave la signora Proietti nel magazzino della verdura senza il suo consenso e ce l'ha tenuta per un bel pezzo. Si chiama sequestro di persona."

Sul viso di cartapecora della vecchina è apparso uno scintillio di divertimento. Ho colto uno sguardo di sconfinata ammirazione del collega Cipolloni. Il direttore era rimasto impietrito.

Quando ha recuperato la favella, ha biascicato: "Non si può neanche quando il ladro viene colto in flagrante?". Ho scosso il capo con fermezza. "Ma io non l'ho trattenuta contro la sua volontà," ha tentato di difendersi, ormai allo stremo delle risorse, "tanto è vero che non si è affatto opposta."

Ho chiesto alla signora Proietti la sua versione dei fatti. "Ma lui è così grosso," ha esalato, "e poi era molto arrabbiato."

Ho sferrato l'attacco finale. "O lei desiste dalla denuncia della qui presente signora Aida Proietti, oppure io denuncio lei per sequestro di persona. La pena prevista è di tre anni."

Cipolloni teneva moltissimo ad accompagnare a casa la nostra protetta. Anch'io desideravo metterla al sicuro, tra le mura del suo seminterrato, perché non le accadesse più nulla di male. Quando il collega aveva spalancato la portiera posteriore per farla salire, era stato lì lì per prenderla in braccio e depositarla di peso sul sedile: ma si era dominato e limitato a sorreggerla e a sospingerla dolcemente al suo posto. La sua estrema fragilità mi scioglieva il cuore. Non poteva pesare più di trentacinque chili. Mi è parso che Cipolloni, il rudimentale Cipolloni, avesse gli occhi umidi.

Si è seduto al volante e ha innestato la sirena. Ora quell'ululato lancinante che di solito trovo insostenibile, non mi dispiaceva: al mio orecchio suonava come le angeliche trombe del trionfo del bene sul male e insieme come un simbolo della potenza benefica della polizia.

La vecchina se ne stava raggomitolata e teneva ben stretta contro di sé la borsa strapiena. La carne tritata e il mazzo di bieta regolarmente pagati le erano stati restituiti. Aveva chiesto con voce esile il permesso di recarsi al reparto mangimi dove si era servita di tre pacchetti di semi di miglio e a quello dei salumi, dove si era provvista di una confezione di prosciutto cotto di prima qualità, di una seconda di salame di Felino e di una terza del miglior prosciutto di Parma. Mentre mi chiedevo perplessa come avrebbe pagato quegli acquisti costosi e mi ripromettevo di intervenire al momento giusto, con la coda dell'occhio avevo notato Cipolloni che sceglieva dei petti di pollo e un arrostino di vitello nel banco della macelleria e, poco più in là, due sacchetti di mangime per canarini.

La signora Proietti passò alla cassa, scortata da noi due, appoggiò i suoi acquisti sul nastro scorrevole, allungò la borsa spalancata verso la cassiera e le chiese, in tono beffardo: "Vuole controllare se ho rubato qualcosa?". La ragazza era arrossita fino ai capelli.

Cipolloni, che mi precedeva, pagò con mossa fulminea le compere della signora e le proprie e, con discrezione, infilò le une e le altre nella borsa di lei. Raggiante come un boy-scout che ha appena compiuto una buona azione, con impeto cavalleresco aprì la porta per lasciarci passare. La signora Proietti aveva ringraziato con calore e aveva detto: "Siete due bravi ragazzi".

Per un tratto di strada era rimasta silenziosa. Dal mio posto la osservavo senza parere: aveva l'aria sfinita, il colorito terreo, lo sguardo atono. Di tanto in tanto abbassava le palpebre e le rialzava a fatica, come se lottasse contro il sonno. "Anche i canarini lo fanno," pensai sciocamente. Ho allungato un braccio e ho tolto con delicatezza due brandelli delle mille lire fatte a pezzi dal canguro che erano rimasti impigliati tra i suoi ispidi stoppini. Una molletta le era scivolata dalla tempia e s'era arrestata in bilico tra le pieghe della sua sciarpetta. L'ho presa e gliel'ho deposta in grembo. Non aveva dato segno di accorgersene. Ora pareva dormisse, ma forse era vigile perché le sue piccole mani dagli ossicini aguzzi non smettevano di artigliare la borsa ricolma. Ho fatto segno a Cipolloni di spegnere la sirena per non disturbarla. Appariva molto provata, come se avesse consumato ogni energia in quell'aspro combattimento per la sopravvivenza. Gliene era rimasta per continuare a rubare? Magari in un altro supermercato? Come se la sarebbe cavata? Morirà di fame, mi sono detta in un soprassalto, o di freddo. Bisogna che l'aiuti. Andrò a trovarla, le porterò carne tritata di prima scelta appropriata alle sue gengive, verdure morbide da cuocere, prosciutto, formaggini molli. E poi un cappotto caldo, pantofole foderate di pelo, una sciarpa nuova. Non dovevo dimenticare il mangime per i canarini e una buona bottiglia di vino rosso, Barbera, forse. Farò conto che sia mia nonna, quella vera non l'ho mai conosciuta. Mi sentivo commossa e allegra, piena di fervore e di sollecitudine.

In quel momento ha riaperto gli occhi e si è guardata intorno stordita. "Dove siamo?" ha chiesto preoccupata. "Siamo quasi arrivati a casa sua," l'ho rassicurata, e per distrarla e calmare la sua ansia, le ho domandato notizie del suo canarino. Si è subito rianimata e ha sorriso contenta. "Sono due," ha risposto, "maschio e femmina, cantano tutto il giorno e mi fanno una bella compagnia. Se non avessi loro, mi sentirei proprio sola. Però sono dei gran mangioni, un pacchetto di miglio lo finiscono in pochi giorni."

Tacque per un po', sembrava pensierosa. S'era accorta della molletta sulle ginocchia e se l'era maldestramente appuntata nei capelli.

Proprio all'incrocio con via Gela, si riscosse all'improvviso, si raddrizzò sul sedile, si agitò irrequieta, poi batté un colpetto sulla spalla di Cipolloni e disse: "Signor agente, potrebbe rallentare, per favore?". Lui, ubbidiente, frenò, cambiò marcia e proseguì a passo d'uomo.

"Le dispiacerebbe fermarsi un momentino?" chiese ancora. Cipolloni, sconcertato, eseguì. "Sa," spiegò, "non vorrei andare subito a casa." "Ah, no? E dove vorrebbe andare?" s'informò, decisamente stupefatto. "Se non ha niente in contrario, approfitterei della sua gentilezza per fare un saltino da voi, al commissariato."

Tutti e due ci siamo voltati di scatto a guardarla, allibiti. "A fare che? È tutto risolto, no?" ha balbettato Cipolloni.

"Vede," proseguì la vecchina con un filo di voce, "ci ho riflettuto ben bene mentre lei così cortesemente mi riportava a casa e adesso ho deciso: voglio venire al commissariato per denunciare il direttore del supermercato per sequestro di persona. Crede che glieli daranno davvero tre anni di carcere?"

INDICE

Pag. 7 1. *Esercizio a quattro mani*

17 2. *Un carattere sensibile*

35 3. *Oratorio di Natale*

55 4. *Stenodattilo primo impiego*

95 5. *Il giardino selvatico*

117 6. *La gita*

137 7. *Di pattuglia*

Stampa Grafica Sipiel
Milano, maggio 1995

0009426
E.GIANINI BELOTTI
ADAGIO UN
POCO MOSSO
1^ED.MAGGIO 1995
FELTRINELLI ED.
MILANO